3年生 地図の読み

方位の読み取り方

- 地図に方位の記号がないときは上が北となる。

- 方位の記号がついている場合は，やじるしのさしている方向が北。

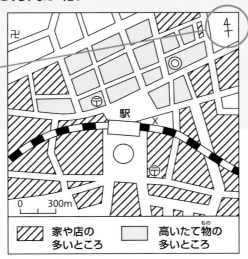

家や店の多いところ

高いたて物の多いところ

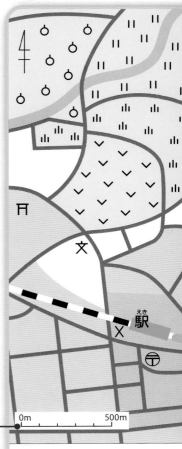

家の多いところ

地図上のきょりの読み取り方

- このものさしでじっさいのきょりを表す。

- この地図上では $\quad$ 0m ⊢――――⊣ 500m $\quad$ の長さが500mである。

駅から寺の間はものさし2つ分だから，500m×2=1000mはなれていることがわかる。

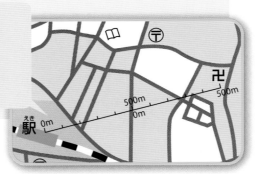

そのほかの決

- 色やもようのあることが多

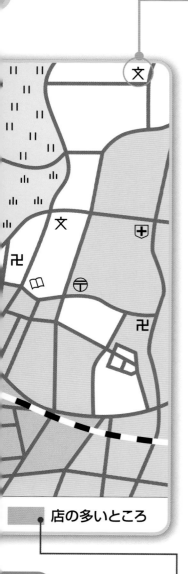

店の多いところ

まり

ねりわけには意味が
いので注意する。

駅

土地のりようやたて物は，地図記号とよばれる記号で表す。

記 号	意 味	記 号	意 味
文	学校〔小・中学校〕		発電所・変電所
	神社	‖	田
卍	寺	⌄	畑
	病院		かじゅ園
	工場		しん葉じゅ林
	ゆうびん局		こう葉じゅ林
Y	消防しょ	ılı	あれ地
⊗	けいさつしょ		しろあと
✕	交番		えんとつ
◎	市役所（東京都内の区役所）		温泉
◯	区役所・町村役場	⚓	港
血	はくぶつ館びじゅつ館		鉄道
	図書館		橋
	老人ホーム		

学ぶ人は、
変えて
ゆく人だ。

目の前にある問題はもちろん、

人生の問いや、社会の課題を自ら見つけ、

挑み続けるために、人は学ぶ。

「学び」で、少しずつ世界は変えてゆける。

いつでも、どこでも、誰でも、

学ぶことができる世の中へ。

旺文社

このドリルの特長と使い方

このドリルは，「苦手をつくらない」ことを目的としたドリルです。単元ごとに「大事なことがらを理解するページ」と「問題を解くことをくりかえし練習するページ」をもうけて，段階的に問題の解き方を学ぶことができます。

① りかい

大事なことがらを理解するページで，穴埋め形式で学習するようになっています。

！おぼえよう！ 必ず覚える必要のあることがらや用語です。

★考えよう★ 資料の読み取りなどです。

② 練習

「理解」で学習したことを身につけるために，問題を解くことをくりかえし練習するページです。「理解」で学習したことを思い出しながら問題を解いていきましょう。

少し難しい問題には **◇チャレンジ◇** がついています。

③ まとめ 単元の内容をとおして学べるまとめのページです。

もくじ

社会情勢の変化により，掲載内容に違いが生じる事柄があります。弊社ホームページ『知っておきたい時事ニュース』をご確認ください。
https://service.obunsha.co.jp/tokuten/jiji_news/

編集協力／有限会社マイプラン　校正／株式会社 友人社　株式会社 東京出版サービスセンター　名木田朋幸　梶原めぐみ　装丁デザイン／株式会社 しろいろ
装丁イラスト／林ユミ　本文デザイン／ハイ制作室 大滝奈緒子　本文イラスト／すどうまさゆき　西村博子

3年生 達成表　社会名人への道！

ドリルが終わったら，番号のところに日付と点数を書いて，グラフをかこう。
80点を超えたら合格だ！　54，76は全問正解で合格だよ！

	日付	点数	50点	合格ライン 80点	100点	合格チェック
例	4/2	90				◯
1						
2						
3						
4						
5						
6						
7						
8						
9						
10						
11						
12						
13						
14						
15						
16						
17						
18						
19						
20						
21						
22						
23						

	日付	点数	50点	合格ライン 80点	100点	合格チェック
24						
25						
26						
27						
28						
29						
30						
31						
32						
33						
34						
35						
36						
37						
38						
39						
40						
41						
42						
43						
44						
45						
46						
47						

✏️ この表がうまったら，合格の数をかぞえて右に書こう。

60〜76個	➡️	りっぱな社会名人だ！
40〜59個	➡️	もう少し！ 社会名人見習いレベルだ！
0〜39個	➡️	がんばろう！ 一歩一歩，社会名人をめざしていこう！

	日付	点数		50点	合格ライン 80点	100点	合格 チェック
48							
49							
50							
51							
52							
53							
54			全問正解で合格！				
55							
56							
57							
58							
59							
60							
61							
62							

	日付	点数		50点	合格ライン 80点	100点	合格 チェック
63							
64							
65							
66							
67							
68							
69							
70							
71							
72							
73							
74							
75							
76			全問正解で合格！				

3

1 学校のまわりと市の様子
四方位

りかい

▶▶▶ 答えはべっさつ1ページ

点数 ★

点

①〜⑥：1問10点　⑦・⑧：1問20点

おぼえよう

次の□□□にあてはまることばを書きましょう。

・右のような、方位を調べる道具を

① □□□□□□□□ といいま

す。

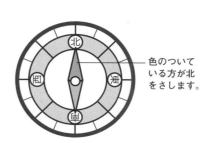
色のついて
いる方が北
をさします。

・方位は、東・西・② □□□・北

で表し、4つの方位をまとめて

③ □□□□ といいます。

・太陽は④ □□□□ の方位からのぼり、⑤ □□□□ の方位にし

ずみます。

・地図はふつう、⑥ □□□ を上にして表します。

考えよう

右の図の□□□にあてはまること
ばを書きましょう。

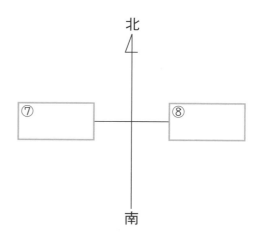

北

⑦ □□□□　⑧ □□□□

南

2　学校のまわりと市の様子
四方位

▶▶▶ 答えはべっさつ1ページ

1 1つ10点　2 (1) 1つ15点　(2) 15点

点数　　　　　点

1 方位や方位の調べ方について，正しいものには◯を，まちがっているものには×をつけましょう。

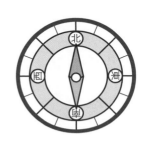

（　　）方位を調べるための，右の絵の道具を方位じしんといいます。

（　　）方位を調べるための，右の絵の道具を絵地図といいます。

（　　）地図はふつう，南を上にして表します。

（　　）地図はふつう，北を上にして表します。

2 右の地図を見て，次の問題に答えましょう。

(1) 学校の南には何がありますか。3つに◯をつけましょう。

（　　）寺　　　　（　　）消防しょ

（　　）駅　　　　（　　）病院

（　　）公園　　　（　　）交番

(2) 正しいほうに◯をつけましょう。

（　　）鉄道の線路は，南北に走っている。

（　　）鉄道の線路は，東西に走っている。

3 学校のまわりと市の様子
まちたんけん

▶▶▶ 答えはべっさつ1ページ

① 〜 ④：1問20点　⑤・⑥：1問10点

点

！おぼえよう！

まちたんけんで調^{しら}べることやまちたんけんのやくそくで，次^{つぎ}の◯◯◯にあてはまることばを，あとの◯◯◯からえらびましょう。

・道を走っている車の ① _____ を調べます。

・土地の ② _____ を調べます。

・交通 ③ _____ をかならず守^{まも}ります。

・インタビューするときには，相手^{あいて}のめいわくに

　④ _____ ようにします。

りょう	色	使^{つか}われ方
ねだん	ルール	ならない

★ 考えよう ★

次の◯◯◯にあてはまることばを，右の地図からえらびましょう。

・1日にどのくらいの人が鉄道^{てつどう}をりようするのか調べるために

　⑤ _____ へ行きました。

・手紙を出すために

　⑥ _____ へ行きました。

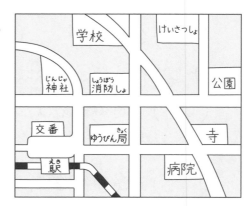

4 学校のまわりと市の様子
まちたんけん

練習

▶▶▶ 答えはべっさつ1ページ

1 (1)(2) 1つ20点　**2** 1問10点

1 次の問題に答えましょう。

(1) まちたんけんで調べることとして正しいもの2つに，◯を
つけましょう。

（　　）走っている車のりょう　　（　　）土地の使われ方

（　　）ちゅう車場にある車の色　　（　　）川の流れの速さ

(2) まちたんけんのやくそくを守っている絵はどれですか。2
つに◯をつけましょう。

（　　）　　（　　）　　（　　）　　（　　）

◇チャレンジ◇

2 右の地図を見て，次の問題に答えましょう。

(1) 学校を出て，消防しょの角を
右に曲がって先に進むと，右
がわには何がありますか。

（　　　　　　　　　　　）

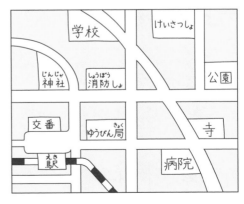

(2) 寺のいちばん近くにあるたて
物は何ですか。

（　　　　　　　　　　　）

点数 ★　　　　　点

7

5 学校のまわりと市の様子
地図記号①

りかい

▶▶▶ 答えはべっさつ1ページ

①〜④：1問10点　⑤〜⑦：1問20点

★点数★

点

おぼえよう！

右の地図を見て，次の◻️◻️◻️にあてはまることばを書きましょう。

・地図では，たて物などのしせつを，かんたんな ① ［　　　　記号　　　　］で表しています。

・地図の ⚓ の記号は ② ［　　　　　　　］をしめす記号で，やじるしの向いている方向が ③ ［　　　　　　　］をさしています。

・地図の 0 ⎣⎯⎯⎦ 200m の記号は，じっさいの ④ ［　　　　　　　］をどのくらいちぢめたかを表しています。

考えよう

右上の地図を見て，次の◻️◻️◻️にあてはまることばを書きましょう。

・地図の 文 は，⑤ ［　　　　　　　］を表しています。この記号は漢字の ⑥ ［　　　　　　　］の文字の形からつくられました。

・地図の 卍 は，⑦ ［　　　　　　　］を表しています。この記号はとりいの形からつくられました。

学校のまわりと市の様子
地図記号①

▶▶▶ 答えはべっさつ2ページ

点数 　 点

1 (1) 16点 (2) 1つ16点　 2 1問10点

1 次の問題に答えましょう。

(1) 地図では，たて物などのしせつは記号を使って表します。このときに使われる記号を何といいますか。

（　　　　　　　　　　）

(2) 左の記号と，右のせつ明を正しく組み合わせて，線でむすびましょう。

　　$\underline{\;}\!\!\underline{\;4\;}$ 　・ 　　・学校を表しています。

　0 　200m ・ 　　・方位を表しています。

　　文 　・ 　　・きょりを表しています。

　　卍 　・ 　　・神社を表しています。

2 右の地図を見て，次の問題に答えましょう。

(1) 地図の上の方向は，どの方位をしめしていますか。

（　　　　　）

(2) 正しいほうに○をつけましょう。

（　　）⑦のきょりはじっさい

　　　のきょりよりちぢんでいる。

（　　）⑦のきょりはじっさいのきょりよりのびている。

7 学校のまわりと市の様子
地図記号②

▶▶▶ 答えはべっさつ2ページ ★点数★

①・②:1問15点 ③〜⑨:1問10点

点

!おぼえよう!

次の地図記号は，それぞれ何を表していますか。あとの◯からえらびましょう。

①	②	③
④	⑤	⑥
⑦	⑧	⑨

消防しょ	工場	寺	田	病院
ゆうびん局	交番	畑	市役所	

学校のまわりと市の様子
地図記号②

▶▶▶ 答えはべっさつ2ページ

1 1問10点　2 1つ20点

点数 ★ 　　　　　　　点

1 左の絵地図を見て，右の地図の①〜⑥に地図記号をそれぞれかきましょう。

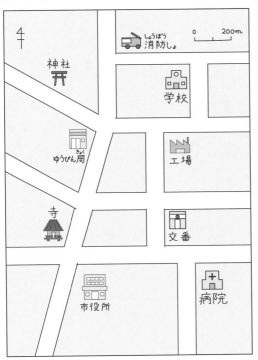

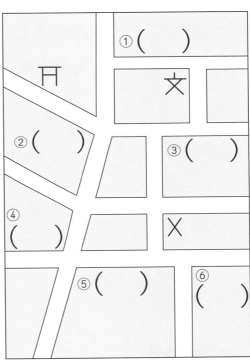

2 右の地図の東がわと西がわは，それぞれ主に何にりようされていますか。あとの▢からえらびましょう。

東がわ（　　　　　　　）

西がわ（　　　　　　　）

田　　林　　畑

9

学校のまわりと市の様子
八方位と調べ方

りかい

▶▶▶ 答えはべっさつ2ページ

★点数★

①～④：1問15点　⑤～⑧：1問10点

点

！おぼえよう！

市の様子の調べ方について，次の◯◯◯にあてはまることばを，
あとの◯◯◯からえらびましょう。

・様子がよくわかる地図や ① ◯◯◯◯ をさがします。

・土地の ② ◯◯◯◯ や使われ方を調べます。

・電車や ③ ◯◯◯◯ などの交通についても調べます。

・④ ◯◯◯◯ に行き，話を聞いて調べます。

写真	カレンダー	ねだん
高さ	バス	市役所

★考えよう★

右の図を見て，次の◯◯◯にあてはまる方位
を書きましょう。

・図の ⑥ は北と ⑤ ◯◯◯ の間なので方

位は ⑥ ◯◯◯◯ です。

・図の ⑧ は南と ⑦ ◯◯◯ の間なので方

位は ⑧ ◯◯◯◯ です。

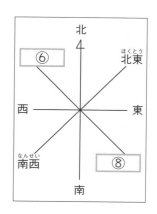

学校のまわりと市の様子

八方位と調べ方

練習

▶▶▶ 答えはべっさつ2ページ

1 1つ15点　**2** 1問20点

1 市の様子の調べ方について，正しいものには○を，まちがっているものには×をつけましょう。

（　　）市役所や図書館で，市の様子がわかる地図や写真をさがす。

（　　）市にはどんな場所があるのか，自分で想ぞうして地図をつくる。

（　　）できるだけ土地のひくいところから市の様子をながめてみる。

（　　）できるだけ土地の高いところから市の様子をながめてみる。

2 右の地図を見て，次の問題に答えましょう。

(1) わたしたちの学校は，市のどの方位にありますか。八方位で書きましょう。

（　　　　　　　　　　　　）

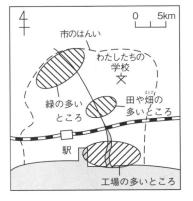

(2) 正しいもの1つに○をつけましょう。

（　　）鉄道の駅は，市の南西にある。

（　　）緑の多いところは，市の南東にある。

（　　）工場の多いところは，市の北西にある。

 **11**

学校のまわりと市の様子
市の土地の高さと使われ方

▶▶▶ 答えはべっさつ3ページ

①〜⑤：1問20点

点数 ★

　　　　　　　　点

おぼえよう

右の地図を見て，次の ⬚ にあてはまることばを，あとの
⬚ からえらびましょう。

・緑は，土地の ① ⬚ ところ
　に多くなっています。

・緑が多いところには，
　② ⬚ があります。

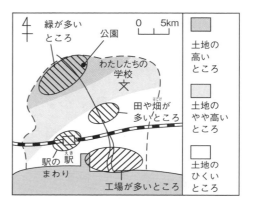

| 高い | ひくい | 公園 | 住たく地 |

考えよう

右上の地図を見て，次の ⬚ にあてはまることばを書きましょ
う。

・わたしたちの学校は，土地が ③ ⬚ ところに
　あります。

・公園は，駅から見て四方位で表すと ④ ⬚ にあります。

・工場が多いところは，駅から見て八方位で表すと
　⑤ ⬚ にあります。

12 学校のまわりと市の様子
市の土地の高さと使われ方

▶▶▶ 答えはべっさつ3ページ

1 1問20点

1 右の, 緑が多い場所の様子を表した絵と, 同じ場所の地図を
見て, 次の問題に答えましょう。

(1) 絵の⑦のたて物は, 何ですか。
地図を見て書きましょう。

( )

(2) 消防しょから見て, ゆうびん局
はどの方位にありますか。八方
位で答えましょう。

( )

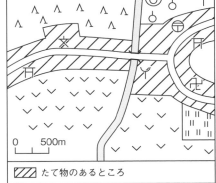

(3) 地図の④の地図記号は, 何をし
めしていますか。

( )

(4) 正しいほうに, ◯をつけましょ
う。

( )道路にそって, たて物がある。

( )川にそって, たて物がある。

(5) 地図の南がわの緑が多い場所は, 主にどのように使われて
いますか。正しいもの1つに◯をつけましょう。

( )畑 ( )運河 ( )工場 ( )港

13 学校のまわりと市の様子
市の交通の様子

▶▶▶ 答えはべっさつ3ページ　点数
①〜⑤：1問20点

点

!おぼえよう!

右の地図を見て，市の交通の様子をまとめた次の文の，□□□に
あてはまることばを，あとの□□□からえらびましょう。

・工場が多い場所の近くには，

　① _____ が走っているこ

とが多いです。

・海をうめ立てて工場をつくった

　場所には，② _____ があるこ

とが多いです。

・工場は，③ _____ 土地にあることが多いです。

0 ──── 500m

高速道路	港	空港	平らな	山のしゃ面の

★ 考えよう ★

右上の地図を見て，次の□□□にあてはまることばを書きましょ
う。

・工場は，高速道路の④ _____ の方位のがわにたくさんあり
ます。

・⑤ _____ に面したところに工場が多いのは，港が近くにあ
ると，原料やせい品を運ぶのにべんりだからです。

14 学校のまわりと市の様子
市の交通の様子

▶▶▶ 答えはべっさつ3ページ

1 1問20点　2 20点

点数 ★

点

1 右の，交通きかんが通り，工場が多い場所（ばしょ）の様子（ようす）を表（あらわ）した絵と，同じ場所の地図を見て，次（つぎ）の問題（もんだい）に答えましょう。

(1) 絵の⑦のたて物（もの）は，何ですか。地図を見て書きましょう。

（　　　　　　　　　）

(2) 絵の中の寺を，地図に地図記（き）号（ごう）でかきましょう。

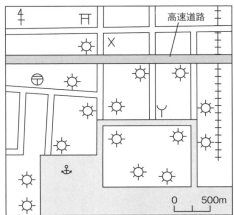

(3) 絵の左がわは，どの方位（ほうい）をしめしていますか。四方位で答えましょう。

（　　　　　　　　　）

(4) 正しいほうに◯をつけましょう。

（　　）南北（なんぼく）に鉄道（てつどう）が走っている。

（　　）南北に高速道路（こうそくどうろ）が走っている。

2 工場が多いのはどちらですか。正しいほうに◯をつけましょう。

（　　）海に面（めん）した平（たい）らな土地

（　　）山あいの急（きゅう）なしゃ面

17

15 学校のまわりと市の様子
市の公共しせつ

りかい

▶▶▶ 答えはべっさつ3ページ
★点数★

①～③：1問10点　④～⑧：1問14点

点

★ 考えよう ★

右の地図を見て，駅のまわりの様子をまとめた次の文の □□□ にあてはまることばを書きましょう。

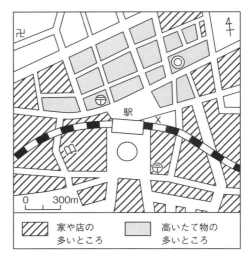

家や店の多いところ（斜線）

高いたて物の多いところ

0　300m

・家や ① □□□□ がたくさんあります。

・高さの ② □□□□ たて物がたくさんあります。

・市役所や交番，図書館などの ③ □□□□ しせつ が駅のまわりにあります。

・市役所は，④ □□□□ の多いところにあります。

・駅の ⑤ □□□□ がわには，高いたて物はほとんどありませんが，⑥ □□□□ や店が多くあります。

・市役所は駅から見て，八方位で表すと ⑦ □□□□ にあります。

・図書館は駅から見て，八方位で表すと ⑧ □□□□ にあります。

学校のまわりと市の様子
市の公共しせつ

練習

▶▶▶ 答えはべっさつ4ページ

点数

点

1 1問15点　　**2** 1つ10点

1 右の，駅のまわりの様子を表した絵と，同じ場所の地図を見て，次の問題に答えましょう。

(1) 正しいほうに○をつけましょう。

　　（　　）家や店がたくさんある。

　　（　　）田や畑が広がっている。

(2) 絵の⑦のたて物は，何ですか。地図を見て書きましょう。

　　（　　　　　　　　　　　）

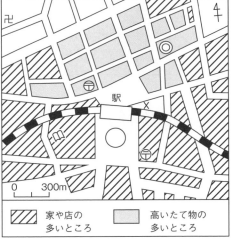

(3) 絵の中の病院を，地図に地図記号でかきましょう。

(4) 絵の右がわは，どの方位をしめしていますか。四方位で答えましょう。

　　（　　　　　　　　　　　）

◇チャレンジ◇

2 次のうち，公共しせつはどれですか。4つに○をつけましょう。

（　　）家　（　　）会社　（　　）交番　（　　）図書館

（　　）店　（　　）市役所　（　　）畑　（　　）消防しょ

学校のまわりと市の様子
市に古くからのこるたて物

▶▶▶ 答えはべっさつ4ページ

点数 ★

①～⑤：1問20点

点

★ 考えよう ★

古くからのこるたて物の調べ方について，次の◻◻◻◻◻にあてはまることばを，あとの◻◻◻◻からえらびましょう。

・じっさいに見学に行って，そのたて物の ①◻◻◻◻◻◻ を見ます。

・パソコンを使って，②◻◻◻◻◻◻◻◻ でも調べます。

・電話をかけて，③◻◻◻◻◻◻ 人にしつもんします。

| カレンダー　　案内板（あんないばん）　　ゲーム |
| インターネット　　くわしい |

！ おぼえよう ！

次の◻◻◻◻にあてはまることばを書きましょう。

・ものごとのはじまりや理由（りゆう）のことを ④◻◻◻◻◻ といいます。

・古くからのこるたて物について調べるときは，場所（ばしょ）だけでなく ④◻◻◻ も調べることで，そのたて物がどのようにつたわってきたかがわかります。

・古くからのこるたて物のれいには，神社（じんじゃ）や ⑤◻◻◻◻◻ ，おしろのあとなどがあります。

18 学校のまわりと市の様子
市に古くからのこるたて物

▶▶▶ 答えはべっさつ4ページ

1 1つ20点　**2** 1問10点

点数　　　　　　　　点

1 古くからのこるたて物の調べ方として，正しいものには◯を，まちがっているものには×をつけましょう。

（　　　）そのたて物のまわりを歩き回って，落ちているごみを拾います。

（　　　）インターネットで，そのたて物について調べます。

（　　　）そのたて物のかん板や案内板を読みます。

（　　　）そのたて物にかんこうに来ていた人に話を聞きます。

2 次の問題に答えましょう。

(1) 右のようなれきし発見メモをつくろうと思います。次のうち，「見つけたたて物」としてふさわしいのはどちらですか。正しいほうに◯をつけましょう。

（　　　）3年前にたてられたマンション

（　　　）100年前にたてられた市役所のたて物

```
れきし発見メモ🔍
見つけたたて物━━━

近くの人の話
教えてくれた人 ＿＿＿＿＿さん

?ぎもんに思ったこと
＿＿＿＿＿＿＿＿＿
＿＿＿＿＿＿＿＿＿
＿＿＿＿＿＿＿＿＿
```

(2) たて物や地名などを調べるときに重ような，ものごとのはじまりや理由のことを，何といいますか。

（　　　　　　　　　　　）

学校のまわりと市の様子
まとめ方

りかい

▶▶▶ 答えはべっさつ4ページ

①～⑤：1問20点

点

!おぼえよう!

市の様子のまとめ方について，次の　　　　にあてはまることば
を，それぞれの〔　〕から1つずつえらびましょう。

・テーマを決めて，表や ①　　　　　　 に

まとめます。

〔地図　カレンダー〕

・まとめるときは，絵や ②　　　　　　 を

使うとわかりやすくなります。

〔写真　たて物〕

わたしたちの〇〇市

駅のまわりは，たくさんの人でにぎわっています。

わたしたちの学校のまわりには，田や畑が広がっています。

文

駅

海に面した港の近くには，たくさんの工場があります。

★考えよう★

右の地図を見て，次の　　　　にあてはまることばを書きましょう。

・工場の多いところは，土地の

③　　　　　　　　にあります。

・緑の多いところは，土地の

④　　　　　　　　にあります。

・わたしたちの学校は，土地の

⑤　　　　　　　　にあります。

学校のまわりと市の様子
まとめ方

練習

▶▶▶ 答えはべっさつ5ページ

1 1つ15点 　**2** 1問10点

1 左にある市のものごとや人の様子と，右のせつ明を正しく組み合わせて，線でむすびましょう。

たて物の様子・　　　　・高速道路が走っています。

交通の様子　・　　　　・川が流れています。

人の様子　　・　　　　・高いビルがたくさんあります。

土地の様子　・　　　　・かんこう客がたくさんいます。

◇チャレンジ◇

2 右の地図の①〜④の場所のせつ明を，次から1つずつえらびましょう。

（　　）買い物をする人でにぎやかなところです。

（　　）米づくりがさかんなところです。

（　　）山の自然を，公園などとしてりようしているところです。

（　　）港があって，土地が平らなところです。

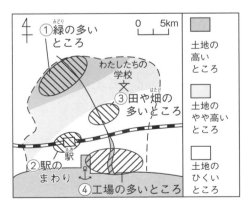

21 学校のまわりと市の様子の まとめ(1)

▶▶▶ 答えはべっさつ5ページ

1 1問10点　　2 1つ12点

点数 ★

点

1 次の□□□□□にあてはまる方位を書きましょう。

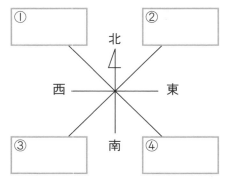

①　　　　②

北

西 ─── 東

③　南　④

2 右の地図は，市の様子を調べてまとめたものです。地図から読み取れるものには○を，読み取れないものには×をつけましょう。

（　　）緑の多いところは，
土地の高いところに
あります。

（　　）田や畑の多いところ
には，たくさんの人
が住んでいます。

（　　）工場の多いところは，
海に面しています。

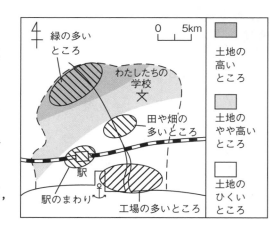

（　　）駅のまわりは，土地のひくいところにあります。

（　　）駅のまわりには，大きい港があります。

24

22 学校のまわりと市の様子の まとめ⑵

▶▶▶ 答えはべっさつ5ページ

1 1問20点　2 1つ15点

点数 　　　　　　　　　点

1 次の問題に答えましょう。

(1) 右のような, 方位を調べる道具を何といいますか。

（　　　　　　　）

(2) 地図の中で, たて物や土地りようなどを, かんたんな記号で表したものを何といいますか。

（　　　　　　　　　）

2 右の地図を見て, 次の問題に答えましょう。

(1) 地図の⑦と⑦の記号が表しているものをえらんで, （　　）に記号を書きましょう。

（　　）きょり

（　　）土地の使われ方

（　　）方位

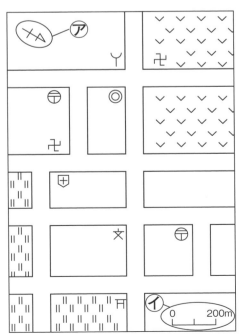

(2) 正しいものには○を, まちがっているものには×をつけましょう。

（　　）神社は学校の南がわにある。

（　　）ゆうびん局は2つある。

23 農家の仕事
やさいづくりの一年

りかい

▶▶▶ 答えはべっさつ6ページ

①～⑤:1問16点　⑥:20点

点数

点

★ 考えよう ★

次の絵を見て，あとの◻◻◻にあてはまることばを書きましょう。

たねまき　　　なえの世話　　　なえの畑への　　　畑の世話　　　しゅうかく
　　　　　　　　　　　　　　　植えかえ

・やさいづくりの一年では，まず，① ◻◻◻◻◻◻ をします。

・次に，草をとったり，水をやったりして，② ◻◻◻◻◻ の世話
をします。

・そして，少し ② が育つと，畑に ③ ◻◻◻◻◻ をします。

・さらに，水やひりょうをやったり，農薬をまいたりして，
④ ◻◻◻◻ の世話をします。

・さいごに，⑤ ◻◻◻◻◻ をして，各地へ送られます。

！ おぼえよう ！

次の◻◻◻にあてはまることばを書きましょう。

・冬ねぎは，⑥ ◻◻◻◻◻◻ ハウス を使うことによって，つ
くる時期をずらして育てることができます。秋ねぎは，さい
ごまで外で育てるので，しゅうかくまでに時間がかかります。

農家の仕事
やさいづくりの一年

▶▶▶ 答えはべっさつ6ページ

1 ぜんぶできて40点　**2** 1問30点

★点数★

点

1 ねぎをつくるときの次（つぎ）の作業（さぎょう）が，じゅんばん通りになるように，1〜5の数字を(　)に書きましょう。

(　)畑（はたけ）の世話（せわ）をします。

(　)なえの世話をします。

(　)たねをまきます。

(　)しゅうかくをします。

(　)なえを畑に植（う）えかえます。

◇チャレンジ◇

2 秋ねぎと冬ねぎづくりについて，次の図を見て，あとの問題（もんだい）に答えましょう。

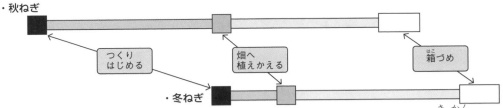

| 8月 | 9月 | 10月 | 11月 | 12月 | 1月 | 2月 | 3月 | 4月 | 5月 | 6月 | 7月 | 8月 | 9月 | 10月 | 11月 | 12月 | 1月 | 2月 | 3月 |

・秋ねぎ

つくり
はじめる

畑へ
植えかえる

箱（はこ）づめ

・冬ねぎ

(1) 次のうち，たねをまいてからしゅうかくまでの期間（きかん）が長いのはどちらですか。正しいほうに◯をつけましょう。

(　)秋ねぎ　　(　)冬ねぎ

(2) 次のうち，ビニールハウスを使（つか）って育てるのはどちらですか。正しいほうに◯をつけましょう。

(　)秋ねぎ　　(　)冬ねぎ

25 農家の仕事
やさいづくりのくふう

▶▶▶ 答えはべっさつ6ページ

①〜⑤：1問20点

点

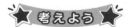

考えよう

次の絵を見て，あとの◻︎◻︎◻︎にあてはまることばを書きましょう。

| ひりょうを 土にまぜる | たねをまく時期や しゅるいをかえる | シートやネットを かぶせる | 手作業で しゅうかくする |

・土に ① ◻︎◻︎◻︎ をまぜることで，土はやわらかくてえいようが多くなります。

・たねをまく ② ◻︎◻︎◻︎ をずらしたり，さまざまなしゅるいのやさいを育てたりすることで，長い間つづけてしゅうかくできるようにしています。

・やさいの上に ③ ◻︎◻︎◻︎ やネットをかぶせ，やさいが虫や鳥によって食べられてしまうことをふせいでいます。このくふうは，まく農薬のりょうを ④ ◻︎◻︎◻︎ ことにもつながっています。

・やさいがきずつかないように，きかいではなく ⑤ ◻︎◻︎◻︎ でしゅうかくしています。

26

農家の仕事
やさいづくりのくふう

▶▶▶ 答えはべっさつ6ページ

1 1つ20点　　**2** 1問10点

点数 ★

点

1 次の絵と，絵に合うやさいづくりのくふうを，線でむすびましょう。

　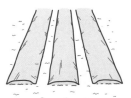　　

・　　　　　・　　　　　・　　　　　・

・　　　　　・　　　　　・　　　　　・

たねをまく時期や
しゅるいをかえる

手作業で
しゅうかくする

シートやネットを
かぶせる

ひりょうを
土にまぜる

2 やさいづくりについて，次の問題に答えましょう。

(1) やさいにシートやネットをかぶせるのはなぜですか。正しいもの1つに○をつけましょう。

（　　）虫や鳥に食べられないようにするため。

（　　）農薬をまくりょうをふやすため。

（　　）やさいの様子を人に見られないようにかくすため。

(2) 手作業でやさいをしゅうかくするのはなぜですか。正しいもの1つに○をつけましょう。

（　　）やさいをきずつけたくないから。

（　　）きかいを買うお金がないから。

（　　）こうりつよく作業を進めたいから。

27 農家の仕事
やさいのしゅうかく

▶▶▶ 答えはべっさつ6ページ

①～⑤：1問20点

点数 ★ ｜ 点

！おぼえよう！

次の図は，やさいの送り先をしめしたものです。これを見て，あとの□□□にあてはまることばを，図の中からえらびましょう。

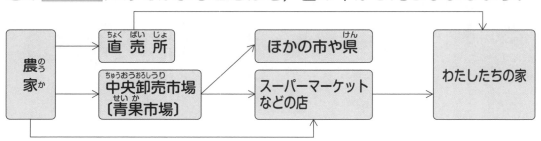

・しゅうかくされたやさいは，①□□□の人の手によって，ていねいに箱づめされます。

・箱づめされたやさいは，市の②□□□に運ばれます。

・ほかにも，農協の③□□□に運ばれるものや直せつ

④□□□などの店に運ばれるものもあります。

★ 考えよう ★

次の□□□にあてはまる文を，あとの□□□からえらびましょう。

・わたしたちの市でしゅうかくされたやさいは，

⑤□□□。

> わたしたちの市だけに出荷されます
> ほかの市や県にも出荷されます

28 農家の仕事
やさいのしゅうかく

▶▶▶ 答えはべっさつ7ページ

1 (1) 1問16点　(2) 1つ16点　　2 1つ10点

点数 [　　　　]点

1 次の図は，やさいの送り先をしめしたものです。これを見て，あとの問題に答えましょう。

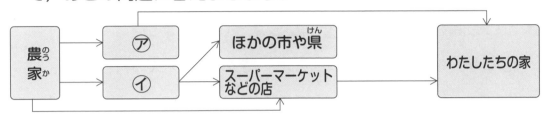

(1) 図の⑦・⑦にあてはまるしせつを何といいますか。

　　⑦（　　　　　　　　　）⑦（　　　　　　　　　）

(2) やさいがわたしたちの家にとどくまでについて，正しいものには◯を，まちがっているものには×をつけましょう。

（　　　）わたしたちの家には，農家から直せつとどけられます。

（　　　）わたしたちの家には，スーパーマーケットなどの店を通じてとどけられます。

（　　　）わたしたちの家には，農家からほかの市や県へ送られてから店を通じてとどけられます。

2 次の文の（　　）の中から，正しいものを1つずつえらんで，◯でかこみましょう。

　　わたしたちの市でしゅうかくされたやさいは，

（　スーパーマーケット　　中央卸売市場　）へ送られたあと，（　わたしたちの市だけに　ほかの市や県へも　）出荷されます。

29 農家の仕事
地いきとつながるやさいづくり

りかい

▶▶▶ 答えはべっさつ7ページ

①〜⑤：1問20点

点数 ★

点

！おぼえよう！

やさいづくりと地いきのつながりについて，次の □□□ にあてはまることばを，あとの □□□ からえらびましょう。

・地いきで生産されたものを地いきの人たちで消費する

① □□□□□ の取り組みが進められています。

・ ① の取り組みの１つとして，地いきでしゅうかくされた

やさいが，学校の ② □□□□ で使われています。

地産地消	直売所	給食

★考えよう★

次のしりょうを見て，あとの □□□ にあてはまることばを書きましょう。

・あたたかい土地 ・日当たりがよい土地 ・水がほうふな土地

れんこんづくりにてきした土地

・あたたかい ・晴れの日が多い ・近くを川が流れている

姫路市大津区のとくちょう

・姫路市の大津区は，あたたかく，また ③ □□□□ の日が多いため日当たりがよい点がとくちょうです。また，近くを

④ □□□□ が流れているため，水がほうふにあります。

・これらのとくちょうから，大津区では ⑤ □□□□ づくりがさかんです。

農家の仕事

地いきとつながるやさいづくり

練習

▶▶▶ 答えはべっさつ7ページ

1 (1)1つ20点　(2)15点　2 1つ15点

1 次のしりょうを見て，あとの問題に答えましょう。

・あたたかい土地 ・日当たりがよい土地 ・水がほうふな土地

れんこんづくりにてきした土地

・あたたかい ・晴れの日が多い ・近くを川が流れている

姫路市大津区のとくちょう

(1) れんこんづくりにてきした土地のせつ明として正しいもの
2つに，○をつけましょう。

（　　）さむい土地　　（　　）あたたかい土地

（　　）雨の日が多い土地　　（　　）晴れの日が多い土地

(2) 次のうち，姫路市の大津区でさかんにつくられていると考
えられるやさいはどれですか。1つに○をつけましょう。

（　　）レタス　　（　　）れんこん　　（　　）ねぎ

◆チャレンジ◆

2 地産地消の取り組みについて，正しいものには○を，まち
がっているものには×をつけましょう。

（　　）地いきで生産されたものをその地いきの人たちが消
費する取り組みです。

（　　）地いきで生産されたものをほかの地いきの人たちが
消費する取り組みです。

（　　）学校の給食に，地いきでしゅうかくされたやさいが
使われることもあります。

31 農家の仕事のまとめ

▶▶▶ 答えはべっさつ7ページ

点数 ★

点

1 (1) 1問16点 (2) 1つ16点　　2 ぜんぶできて20点

1 次の問題に答えましょう。

(1) やさいづくりの仕事について，次の□□□にあてはまる
ことばを書きましょう。

> たねまき→□ ㋐ □の世話→□ ㋐ □の畑への植えかえ→
> 畑の世話→□ ㋑ □

　　　　㋐（　　　　　　　　）㋑（　　　　　　　　　）

(2) やさいづくりのくふうについて，左のくふうと右の理由を
正しく組み合わせて，線でむすびましょう。

ひりょうを　　　　　　・　　　　・　虫や鳥に食べられない
土にまぜる　　　　　　　　　　　　ようにします。

手作業で　　　　　　　・　　　　・　やわらかくえいようの
しゅうかくする　　　　　　　　　　ある土をつくります。

シートなどを　　　　　・　　　　・　やさいをきずつけない
かぶせる　　　　　　　　　　　　　ようにします。

2 やさいはどのような場所を通って，わたしたちの家にとどき
ますか。次の㋐～㋒を，正しくならべかえましょう。
㋐　中央卸売市場〔青果市場〕　　㋑　農家
㋒　スーパーマーケット

　　　　　（　　）→（　　）→（　　）→わたしたちの家

32 工場の仕事
品物ができるまで

 りかい

▶▶▶ 答えはべっさつ8ページ

①〜⑤：1問20点

点数 ★

点

★ 考えよう ★

次の絵を見て，ささかまぼこができるまでについて，あとの◻◻
にあてはまることばを，絵の中からえらんで書きましょう。

| 形をつくって やき | ねり合わせ | 魚をさばく | ふくろにつめ | 味をつけて， さらにねり |

・ささかまぼこづくりでは，まず原料となる ①◻◻◻◻
　ことからはじめます。

・次に，きかいを使って ②◻◻◻◻ ます。

・そして，人が塩などをまぜ ③◻◻◻◻
　ます。

・さらに，すり身をきかいでうらごししてから，
　④◻◻◻◻ ます。

・さいごに，ひとつひとつ ⑤◻◻◻◻ て，各地へ
　送ります。

工場の仕事

品物ができるまで

▶▶▶ 答えはべっさつ8ページ

点数

点

1 ぜんぶできて40点　**2** 1問30点

1 ささかまぼこをつくるときの次の作業が，じゅんばん通りになるように，1〜5の数字を（　）に書きましょう。

（　）ふくろにつめます。

（　）魚をさばきます。

（　）味をつけて，さらにねり合わせます。

（　）きかいでねり合わせます。

（　）形をつくってやきます。

2 次の問題に答えましょう。

(1) あるものをつくるとき，そのもとになる材料のことを何といいますか。

（　　　　　　　）

(2) 次のうち，正しいもの1つに◯をつけましょう。

（　）かまぼこ工場では，すべてきかいでささかまぼこをつくっています。

（　）かまぼこ工場では，すべて人の手でささかまぼこをつくっています。

（　）かまぼこ工場では，魚をさばくことだけを人が，そのほかはきかいでささかまぼこをつくっています。

（　）かまぼこ工場では，きかいと人の手の両方を使い分けて，ささかまぼこをつくっています。

34 工場の仕事
はたらく人のくふう

▶▶▶ 答えはべっさつ8ページ

点数 [　　　　　　点]

①～④:1問10点　　⑤～⑧:1問15点

★ 考えよう ★

次の⑦～⑤の絵は，かまぼこ工場ではたらく人のくふうをしめしたものです。絵を見て，[　　　]にあてはまることばを，あとの[　　　]からえらびましょう。

⑦ 　　⑦ 　　⑦ 　　⑤

・⑦は，[①　　　　　]をていねいにあらっている様子です。

・⑦は，服についた[②　　　　　]をとっている様子です。

・⑦は，魚の頭や[③　　　　　]をとっている様子です。

・⑤は，すり身にうろこや[④　　　　　]が入っていないかかくにんしている様子です。

| 内ぞう　　ほね　　手　　ほこり |

★ 考えよう ★

次の[　　　]にあてはまるくふうを，上の絵の⑦～⑤からえらんで，記号を書きましょう。

・せいけつにするくふうは，[⑤　　　]と[⑥　　　]です。

・よりおいしいかまぼこをつくるくふうは，[⑦　　　]と

[⑧　　　]です。

35 工場の仕事
はたらく人のくふう

▶▶▶ 答えはべっさつ8ページ

1 1問10点　2 1つ12点

点数 ★ [　　　] 点

1 右の絵の①～④は，かまぼこ工場ではたらく人のくふうをしめしたものです。このようなくふうをしているわけを，次の⑦・⑦からそれぞれえらびましょう。

⑦　食べ物をつくるので，せいけつにしなくてはいけないため。

⑦　よりおいしいかまぼこをつくるため。

①

②

③

④

①（　　）　②（　　）

③（　　）　④（　　）

◆チャレンジ◆

2 かまぼこ工場ではたらく人の様子で，正しいものには◯を，まちがっているものには×をつけましょう。

（　　）安全でおいしいかまぼこをつくるために，ひとつひとつの作業をかくにんしながらつくっています。

（　　）少しでも多くの人に食べてもらうため，安全よりも早くつくることを大切にしています。

（　　）はたらく前には，体や服をせいけつにしてから仕事をしています。

（　　）はたらくとよごれるので，仕事の前にはそれほどせいけつにするひつようはありません。

（　　）主にきかいがつくるので，ひとつひとつの作業に注意しなくてもだいじょうぶです。

36

工場の仕事
いろいろな仕事をする人

りかい

▶▶▶ 答えはべっさつ9ページ

点数

①〜⑤：1問16点　⑥：20点

点

★ 考えよう ★

次の⑦〜⑰の絵は，しゅうまい工場ではたらく人のいろいろな仕事です。絵を見て，□□□にあてはまることばを，あとの□□□□からえらびましょう。

⑦ 　　⑦ 　　⑰

・⑦は，新しいしゅうまいを①□□□□□□□人です。

新しい原料や味つけを，何度も②□□□□□います。

・⑦は，③□□□室ではたらく人です。店から④□□□□を

受けたり，工場でつくるしゅうまいの数を決めたりします。

・⑰は，品物を⑤□□□□□□で運ぶ人です。安全に，かく

じつに，速く運びます。

・しゅうまいをつくる⑥□□□□□を朝早くから動かしている

ので，しゅうまい工場ではたらく人たちの多くは工場のある

同じ市内から来ています。

・⑦〜⑰の人たちは，同じ工場ではたらいていますが，いろいろな仕事をしている人がいて，はたらく時間もちがいます。

けんさ　　ためして　　きかい
トラック　　開発する　　じむ　　注文

37 工場の仕事
いろいろな仕事をする人

▶▶▶ 答えはべっさつ9ページ

1 1問20点　**2** 1問20点

点数 ★ ★　　　　　　点

1 右の絵の①〜③の場所ではたらく人は，どんな仕事をしていますか。次の⑦〜⑦からそれぞれえらびましょう。

⑦　工場でつくった品物をトラックで運び出します。

⑦　新しい品物を開発しています。

⑦　店から注文を受けています。

①（　　）②（　　）③（　　）

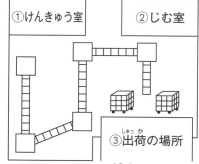

しゅうまい工場の様子

2 しゅうまい工場ではたらく人について，次の問題に答えましょう。

(1) しゅうまい工場ではたらく人の多くはどこからはたらきに来ていますか。正しいほうに◯をつけましょう。

（　　）工場がある市と同じ市

（　　）工場がある市とはべつの市

(2) 次のうち，正しいもの1つに◯をつけましょう。

（　　）しゅうまい工場では，すべての人が同じ仕事をしています。

（　　）しゅうまい工場には，いろいろな仕事をしている人がいますが，はたらく時間は同じです。

（　　）しゅうまい工場には，いろいろな仕事をしている人がいて，はたらく時間もちがいます。

38 工場の仕事
原料の仕入れと品物のゆくえ

りかい

▶▶▶ 答えはべっさつ9ページ

点数

①〜④：1問20点　⑤・⑥：1問10点

点

★ 考えよう ★

右の絵は，横浜市（よこはま）のしゅうまい工場が使（つか）っている原料（げんりょう）の仕入（しい）れ先をしめしたものです。これを見て，次（つぎ）の　　　　にあてはまることばを書きましょう。

・ぶた肉は，① 　　　　　　 から，たまねぎは② 　　　　　　 から運ばれています。ほたて貝は

③ 　　　　　　 でとれたものを仕入れています。

・④ 　　　　 やグリンピースは，外国から運ばれています。

・原料は，できるだけ新せんで，安全（あんぜん）なものを手に入れるようにしています。

！ おぼえよう ！

次の　　　　にあてはまることばを，あとの　　　　からえらびましょう。

・しゅうまい工場でできあがった品物（しなもの）の多くは，その工場の品物だけを売る⑤ 　　　　　　 店 に運ばれて売られています。また，トラックにつまれ，⑥ 　　　　　　 を通って，工場がある市から市外の店へも運ばれます。

直えい　　　高速道路（こうそくどうろ）　　　スーパーマーケット

工場の仕事
原料の仕入れと品物のゆくえ

練習

▶▶▶ 答えはべっさつ9ページ

点数　　　　点

1 (1) 1つ10点　(2)(3) 1問10点　**2** 1つ20点

1 　右の絵は，仙台市のかまぼこ工場が使っている原料の仕入れ
先をしめしたものです。これを見て，問題に答えましょう。

(1) この工場でかまぼこの原料として
いる魚2つに○をつけましょう。

（　　）うなぎ　（　　）すけとうだら

（　　）まだい　（　　）かつお

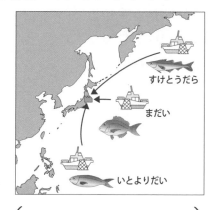

(2) 工場からもっとも近い海から仕入
れている原料は何ですか。

（　　　　　　　　　　　）

(3) 原料の仕入れについて，正しいほうに○をつけましょう。

（　　）すてるのがもったいないので，古い原料でも仕入れ
るようにしています。

（　　）できるだけ新せんで安全な原料を仕入れるようにし
ています。

2 　品物の出荷について，正しいものには○を，まちがっている
ものには×をつけましょう。

（　　）品物が多く運ばれるのは，工場の直えい店です。

（　　）品物は，近くにある決まった店にだけ運ばれます。

（　　）品物は，主に高速道路を通じて，工場のある市から
市外の店へも運ばれます。

40 工場の仕事のまとめ

▶▶▶ 答えはべっさつ9ページ

点数

点

1 (1)10点 (2)ぜんぶできて20点 (3)1つ20点 (4)10点

1 次の問題に答えましょう。

(1) あるものをつくるとき，そのもとになる材料のことを何といいますか。　　　　　　　　（　　　　　　　）

(2) ささかまぼこができるまでの次の作業を，じゅんばん通りになるようにならべかえましょう。

ア 形をつくって，やく　　イ ねり合わせる　　ウ 魚をさばく　　エ ふくろにつめる　　オ 味をつけて，さらにねる

（　　　　→　　　　→　　　　→　　　　→　　　　）

(3) 次の文は，かまぼこ工場へ見学に行ったゆうたさんがまとめたものです。（　　）の中から，正しいものを1つずつえらんで，○でかこみましょう。

　　かまぼこ工場には，いろいろな仕事をしている人がいました。かまぼこをつくる人は，（ 新せん　せいけつ ）にするため，白い服を着て，（ 手　手ぶくろ ）をよくあらっていました。また，（ おいしい　たくさん ）かまぼこをつくるために，魚の頭や内ぞうをとっている人もいました。

(4) 工場でできあがった品物を，高速道路をりようして市外の店へ運ぶときに使われるものは何ですか。
　　　　　　　　　　　　　　　　（　　　　　　　）

41 店ではたらく人
買い物調べ

▶▶▶ 答えはべっさつ10ページ

点数 ★

①～⑤：1問20点

点

おぼえよう

買い物調べで注意することで，次の□□□□にあてはまることば
を，あとの□□□□からえらびましょう。

・ ① [   ] 買い物をしたのかを調べるのは，曜日や時間に
　よって，行く店や買う品物がちがうことがあるからです。

・ ② [   ] 買い物をしたのかを調べるのは，店によっ
　て，行く曜日や時間，買う品物がちがうことがあるからです。

・ ③ [   ] 買ったのかを調べるのは，買う品物によって，行
　く曜日や，時間，行く店がちがうことがあるからです。

いつ　　どこで　　だれが　　何を

考えよう

右の表を見て，次の□□□□にあてはまる
ことばを書きましょう。

・いちばん多く買い物をした店は，

　④ [   ] です。

・ ⑤ [   ] で買い物をしたのは，7回
　です。

買い物に行った回数

スーパーマーケット	コンビニエンスストア	八百屋	肉屋	魚屋	パン屋
●●●●●●●●●●	●●●●●●●●●	●●●●●	●●●●●	●●●●	●●●

店ではたらく人

買い物調べ

勉強した日　○　月　○　日

▶▶ 答えはべっさつ10ページ

点数

点

1　1つ20点　2　(1)(2) 1問15点　(3) 1つ15点

1 買い物調べ（ものしらべ）では，どのようなことを調べますか。正しいもの2つに○をつけましょう。

（　　　）いつ買い物をしたか　（　　　）だれが買い物をしたか

（　　　）なぜ買い物をしたか　（　　　）どこで買い物をしたか

2 右のしつもんカードを見て，次（つぎ）の問題（もんだい）に答えましょう。

(1) けんたさんの家で，よく買い物に行く店はどこですか。

（　　　　　　　　　）

(2) 買い物に車をよくりようするのは，けんたさんの家とあすかさんの家のどちらですか。

（　　　　　　の家）

(3) あすかさんの家では，魚やキャベツを主（おも）にどこで買っていますか。

魚（　　　　　　　）

キャベツ

（　　　　　　　）

けんたさんの家	
よく買い物に行く店	スーパーマーケット
その店に買い物に行くわけ	・ちゅう車場が広いので，車で買い物に行けるから。 ・いろいろな品物（しなもの）を一度（いちど）に買えるから。

あすかさんの家	
よく買い物に行く店	八百屋（やおや） 魚屋
その店に買い物に行くわけ	・近くの商店（しょうてん）がいにあるので，すぐに買い物に行けるから。 ・新せんな品物が手に入るから。

43 店ではたらく人
いろいろな仕事をする人

りかい

▶▶▶ 答えはべっさつ10ページ

点数　　　　　点

①～⑤：1問20点

！おぼえよう！

次の文の□□□□にあてはまることばを，あとの□□□□からえらびましょう。

・スーパーマーケットには，いろいろな仕事をする人がいます。じむしょには，品物（しなもの）の数を調（しら）べて ① ［　　　　　］ する人がいます。

・売り場には，品物をならべたり ② ［　　　　　　　］ をたしかめたりする人がいます。

・レジには，買い物の金がくを計算する人が，売り場のおくには，天ぷらなどのそうざいを ③ ［　　　　　　　］ 人がいます。

かたづけ　　注文（ちゅうもん）　　つくる　　食べる　　品（ひん）しつ

★ 考えよう ★

右の絵を見て，次の□□□□にあてはまることばを書きましょう。

・⑦は， ④ ［　　　　　　　］ でパソコンを
使（つか）って売れぐあいを調べています。

・⑦は， ⑤ ［　　　　　　　］ から荷おろし（に）を
して，品物のかんりをしています。

44 店ではたらく人
いろいろな仕事をする人

練習

▶▶▶ 答えはべっさつ10ページ

1 1つ10点　**2** 1問20点

点数 ★

点

1 スーパーマーケットではたらいている人について，左の場所と右の仕事を正しく組み合わせて，線でむすびましょう。

レジ　　　　　・　　　・天ぷらなどのそうざいをつくります。

じむしょ　　　・　　　・金がくの計算をします。

売り場　　　　・　　　・品物の数を調べて注文します。

売り場のおく・　　　・品物をならべて売ります。

2 スーパーマーケットではたらいている人について，次の問題に答えましょう。

(1) 正しいもの1つに，◯をつけましょう。

（　　　）男の人だけがはたらいています。

（　　　）女の人だけがはたらいています。

（　　　）みんなが同じ仕事をしています。

（　　　）いろいろな仕事をする人がいます。

(2) やさいやくだもののおいしさや新せんさなど，品物のよしあしのことを，何といいますか。

（　　　　　　　　　　　　）

(3) 荷おろしをする人がおろす品物は，どんな車で運ばれてきますか。

（　　　　　　　　　　　　）

45 店ではたらく人
品物の産地

りかい

▶▶▶ 答えはべっさつ10ページ ★点数★

①・②:1問10点 ③〜⑥:1問20点

点

！おぼえよう！

次(つぎ)の文の_____にあてはまることばを書きましょう。

・やさいやくだもの，肉や魚などがつくられたりとれたりした
場所(ばしょ)のことを，① [　　　] といいます。

・スーパーマーケットの品物(しなもの)には，市内からだけではなく，ほ
かの市(けん)や県，または，遠く外国から運(はこ)ばれてくる物もあります。

・品物の ① を調(しら)べるには，売り場で品物のねだんが書かれ
ている② [　　　] ふだや品物が入っているだんボールを見
ることが多いです。

★考えよう★

右の地図は，宮城県(みやぎ)のあるスーパーマーケットに，やさいやくだ
ものがどこから運ばれてくるかをしめしています。これを見て，
次の_____にあてはまることばを書きましょう。

・りんごは，③ [　　　] 県や

④ [　　　] 県から運ばれてきます。

・外国からは，⑤ [　　　] や

⑥ [　　　] が運ばれてきま
す。

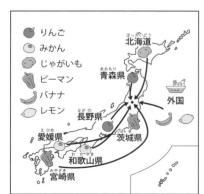

46 店ではたらく人
品物の産地

練習

▶▶▶ 答えはべっさつ11ページ

1 1問10点　2 (1)(2) 1つ14点

1 右の絵を見て，次の問題に答えましょう。

(1) みかんの産地を書きましょう。

（　　　　　　　　県）

(2) 茨城県が産地の品物はどれですか。

（　　　　　　　　）

(3) 外国が産地の品物はどれですか。

（　　　　　　　　）

2 次のそれぞれの文について，正しいものには○を，まちがっているものには×をつけましょう。

(1) （　　）スーパーマーケットの品物は，市内からだけ運ばれてきます。

（　　）スーパーマーケットの品物は，日本国内からだけ運ばれてきます。

（　　）スーパーマーケットの品物は，ほかの市や県，外国からも運ばれてきます。

(2) （　　）品物の産地を調べるには，売り場で品物のねふだやシールを見ます。

（　　）品物の産地を調べるには，買い物をしたあとのレシートを見ます。

47 店ではたらく人
スーパーマーケットのくふう

りかい

▶▶▶ 答えはべっさつ11ページ　★点数★

①〜⑤：1問20点　　　　　　　　点

！おぼえよう！

次(つぎ)の文の □□□□ にあてはまることばを書きましょう。

・スーパーマーケットでは，たくさんのお客(きゃく)さんに来て，品物(しなもの)
　を多く買ってもらうために，こうこくの □①_____ に
　お買いどく品(ひん)をのせてせんでんしています。

・車で来る人のため，大きい □②_____ があります。

・売り場の □③_____ を広くして，ショッ
　ピングカートを使(つか)いやすいようにしてい
　ます。

★考えよう★

右の絵を見て，次の □□□□ にあてはまることばを，あとの □□□
からえらびましょう。

・目の不自由(ふじゆう)な人のために，
　□④_____ をつれて店に入ってもよ
　いことになっています。

・歩行の不自由な人のために，
　□⑤_____ をかし出しています。

ほじょ犬　　ショッピングカート　　車いす

48 店ではたらく人
スーパーマーケットのくふう　練習

▶▶▶ 答えはべっさつ11ページ

1 1つ10点　　2 (1) 20点 (2) 1つ20点

1 次の絵と，絵に合うスーパーマーケットのくふうを，線でむすびましょう。

   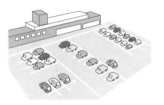

・　　　　　　・　　　　　　・　　　　　　・

・　　　　　　・　　　　　　・　　　　　　・

大きい　　　　ちらし　　　広い通路　　　車いすの
ちゅう車場　　　　　　　　　　　　　　かし出し

2 次の問題に答えましょう。

(1) 大きいちゅう車場は，どのようなお客さんのためのくふうですか。正しいもの1つに○をつけましょう。

（　　）車で来る人　（　　）電車で来る人　（　　）歩いて来る人

(2) 次の文の（　　）の中から，正しいものを1つずつえらんで，○でかこみましょう。

　スーパーマーケットでは，広い通路など，お年よりやしょうがいのある人が買い物をしやすいようにくふうをしています。スーパーマーケットがこのようなくふうをするのは，買い物を（ **特定の人**　**だれも** ）がしやすいようにするためです。そして，これは，お客さんに品物を（ **多く**　**少なく** ）買ってもらうことにもつながります。

49 店ではたらく人
かんきょうを守る

 りかい

▶▶▶ 答えはべっさつ11ページ 点数

①・②：1問10点　　③〜⑦：1問16点

点

！おぼえよう！

次の□□□にあてはまることばを書きましょう。

・スーパーマーケットでは，右の絵のように
ペットボトルやあきかん，

① 食品　　　　　　　をかいしゅうしています。

・かいしゅうされたごみを工場でつくり直したり，ほかのものに

つくりかえたりすることを，② □□□□□□□□ といいます。

★ 考えよう ★

右の絵を見て，次の□□□にあてはまることばを書きましょう。

・お客さんがほしい分だけの

③ □□□□□　　を買えるように，いろいろな

④ □□□□□　　に切り分けられています。

切り分けられたやさい

・消費期限が近い⑤□□□□や魚などは，

⑥ □□□□□　　を下げて，売れのこらない

ようにされています。

ねだんが下げられた肉

・これらの取り組みは，食べられずに

⑦ □□□□□　　られてしまう食品をへらす

ことにつながっています。

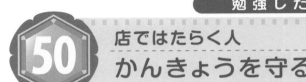

店ではたらく人
かんきょうを守る

練習

▶▶▶ 答えはべっさつ11ページ

1 1つ20点　**2** 1問20点

点数 ★

点

1 スーパーマーケットのかんきょうを守る取り組みについて,次の文の（　　）の中から,正しいものを1つずつえらんで,○でかこみましょう。

　スーパーマーケットでは,牛にゅうパックや食品トレー,（ ペットボトル　なまごみ ）などの（ 家　店 ）から出たごみをかいしゅうする,（ れいぞうロッカー　リサイクル ）コーナーをせっちしています。

2 次の絵は,スーパーマーケットが行っている,食べられずにすてられてしまう食品をへらすための取り組みをしめしたものです。絵のせつ明として正しい文を,あとからえらんで,⑦,⑦の記号で答えましょう。

ねだんが下げられた肉

① （　　　）

切り分けられたやさい

② （　　　）

⑦お客さんがほしいりょうだけ買えるように,売り方をくふうしています。

⑦売れのこりが出ないように,ねだんをくふうしています。

51 店ではたらく人
いろいろな店

りかい

▶▶▶ 答えはべっさつ12ページ

点数 ★

点

①～⑤：1問20点

★ 考えよう ★

いろいろな店について，次の◻◻◻◻にあてはまることばを，あとの◻◻◻からえらびましょう。ただし，同じことばを2回使う場合があります。

・① ◻◻◻◻◻◻◻◻◻◻ をりようすると，家から出なくても，買い物をすることができます。

・② ◻◻◻◻◻◻◻◻◻◻ は，早朝や夜おそくにも開いていて，お金を引き出せるきかいがおいてあったり，コピーを取ることができたりするのでべんりです。

・③ ◻◻◻◻◻◻◻ には，八百屋さんや魚屋さんなど，いろいろな店が集まっているのでべんりです。

・④ ◻◻◻◻◻◻◻ は，すぐに買い物に行くことができるのでべんりです。

・ ① から ④ の4つの店のうち，商品を手にするまでの時間がいちばんかかるのは，⑤ ◻◻◻◻◻◻◻◻◻ です。

コンビニエンスストア	商店がい
インターネット	近所の店

54

店ではたらく人
いろいろな店

練習

▶▶▶ 答えはべっさつ12ページ

1 1つ10点　　2 (1) 1問12点　(2) 1つ12点

点数 点

1 次の絵と，絵に合う店や買い物の仕方を，線でむすびましょう。

・　　　　　　・　　　　　　・　　　　　　・

・　　　　　　・　　　　　　・　　　　　　・

インターネット　　近所の店　　コンビニエンス　　商店がい
　　　　　　　　　　　　　　　　ストア

2 次の問題に答えましょう。

(1) 次のようなとき，あなたならどの店をりようしますか。
　①夜おそい時間に急な買い物をしなくてはいけないとき
　　　　　　　　　　　　　（　　　　　　　　　　　　　）

　②家にいながら買い物をしたいとき
　　　　　　　　　　　　　（　　　　　　　　　　　　　）

(2) コンビニエンスストアのくふうについて，正しいものには
　　○を，まちがっているものには×をつけましょう。

　（　　　）お金を引き出せるきかいがあります。

　（　　　）お金をかしてくれます。

　（　　　）コピーを取ることができます。

53 店ではたらく人のまとめ

▶▶▶ 答えはべっさつ12ページ

★点数★

点

1 1つ10点　**2** (1) 20点　(2) 1問20点

1 次の文は，スーパーマーケットとコンビニエンスストアの様子をまとめたものです。スーパーマーケットの様子には1を，コンビニエンスストアの様子には2を書きましょう。

（　　）レジで計算をする人，品物の注文をする人など，何人かで分たんして仕事をします。

（　　）少人数で，いろいろな仕事をします。

（　　）こうこくのちらしで店をせんでんします。

（　　）早朝や夜おそくにも開いています。

2 次のメモを見て，あとの問題に答えましょう。

〔スーパーマーケットの取り組み〕
● 使い終わった牛にゅうパックや食品トレーをかいしゅうして，（⑦）している。
● お年よりや歩行の不自由な人に，（⑦）をかし出している。
● たくさんの（⑦）に来てもらうため，大きなちゅう車場をつくっている。

(1)　（⑦）にあてはまることばを，カタカナで書きましょう。

（　　　　　　　　）

(2)　（⑦），（⑦）にあてはまることばを書きましょう。

⑦（　　　　　　　）　⑦（　　　　　　　）

▶▶▶ 答えはべっさつ12ページ

それぞれの人がよくりようしているお店について話しています。行きたいお店にたどりつくことができるのはだれかな？　人の絵に○をつけよう。

朝,会社に行く前によくりようするよ。

遠い産地のものを取りよせられるわ。

歩いて行くのにべんり。顔見知りだからサービスしてくれるよ。

いろいろなお店が集まっているので買い物がしやすいわ。

55 くらしを守る
消防しょのしくみ①

りかい

▶▶▶ 答えはべっさつ13ページ

点数

①～⑥：1問15点　⑦：10点

点

!おぼえよう!

次の◯◯◯◯にあてはまることばや数字を書きましょう。

・消防しょは，119番の通報を受けた

　ときに消防自動車や①◯◯◯◯車が，

　いつでも出動できるように点検され，

　道路に向けてとめられています。

・消防士は，②◯◯◯◯の現場と同じそうびをして，走ったり，

　はしごをのぼったりして③◯◯◯◯をしています。

・消防自動車には，④◯◯◯◯や救助のための器具がたくさん

　つまれています。

・⑤◯◯◯◯服や長ぐつは，すぐ出動できる

　ようにおいてあります。

・⑤は，ねつに強い生地でつくられていて，

　じょうぶでやぶれにくいです。

・火事がいつ起きてもすぐ⑥◯◯◯◯できるように，交代で毎

　日⑦◯◯◯◯時間だれかがきんむしています。

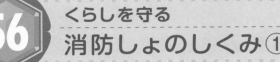

56 くらしを守る
消防しょのしくみ①

▶▶▶ 答えはべっさつ13ページ

点数

点

1 1問15点　**2** 1問20点

1 次の絵は，消防しょの人たちが仕事をしている様子です。あてはまる仕事をあとの〔 〕からえらんで，㋐〜㋔の記号で答えましょう。

①（　　　　）　②（　　　　）　③（　　　　）　④（　　　　）

〔
㋐救助訓練　　㋑消防自動車や器具の点検
㋒救急車の中での病人の手当て　　㋓防火のよびかけ
〕

2 次のことは，あとのどちらのしりょうを見るとわかりますか。㋐・㋑の記号で答えましょう。

(1) 火事の件数はふえたりへったりしていること。　（　　　　）

(2) 火事の原因は何が一番多いか。　（　　　　）

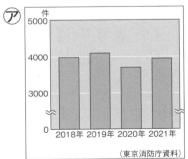

㋐ 東京都の火事の件数の変化
（東京消防庁資料）

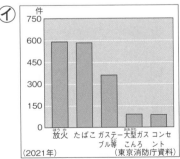

㋑ 東京都の火事の主な原因べつの件数
（2021年）（東京消防庁資料）

57 くらしを守る

消防しょのしくみ②

りかい

▶▶▶ 答えはべっさつ13ページ

点数 ★

①〜⑤：1問20点

点

!おぼえよう!

次の図を見て，あとの□□□にあてはまることばを書きましょう。

消防しょ

けいさつしょ

消防団

病院

通信指令室

ガス会社

電力会社

水道局

・① □□□□□ 番 に電話をかけると，消防本部の

② □□□□□□□□ につながります。 ② が電話を受

けると，火事なのか救急なのか，また火事の場所などをたし

かめて，現場のもっとも近くにある③ □□□□□□ から，

消防自動車や④ □□□□□□□□ を出動させます。

・消火や救助のために，地いきの⑤ □□□□□□□ ，病院，け

いさつしょ，水道局，ガス会社，電力会社などにもれんらく

をします。

58 くらしを守る
消防しょのしくみ②

▶▶▶ 答えはべっさつ13ページ

点数 [点]

1 (1) 20点 (2) 1問20点 (3) ぜんぶできて20点

1 右の火事の通報のしくみの図を見て，次の問題に答えましょう。

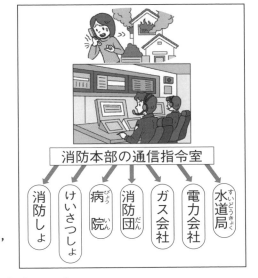

消防本部の通信指令室

→ 消防しょ ／ けいさつしょ ／ 病院 ／ 消防団 ／ ガス会社 ／ 電力会社 ／ 水道局

(1) 火事を通報するときは，何番に電話すればよいですか。

（　　　　　　番）

(2) 通報を受けた消防本部の通信指令室かられんらくを受けて，次の仕事をするのはどこですか。図の中からえらんで書きましょう。

① 火事の現場近くの交通整理をする。

（　　　　　　　　）

② 火事の広がりをふせぐため，ガスのもとせんをしめる。

（　　　　　　　　）

③ 消火のときにひつような水がよく出るようにする。

（　　　　　　　　）

(3) 通信指令室は，火事のほかにも通報が入り，救急車を出動させることがあります。それはどんな人がいるときですか。正しいものすべてに○をつけましょう。

[　けが人 　・ 　どろぼう 　・ 　急病人 　]

59 くらしを守る
火事をふせぐために

りかい

▶▶▶ 答えはべっさつ14ページ

★点数★

①～⑥：1問15点　⑦：10点

点

！おぼえよう！

次の □ にあてはまることばを書きましょう。

・まちの中では，消火のための水
を水道かんから取り出すための

① [　　　　　　　] や，地下に水
をためて消火にそなえている

② [　　　　　　　] など，消防しせつがあちこちに見ら

消火せん　　　防火水そうのひょうしき

れます。学校や大きな公園は，災害が起きたときの

③ [　　　　　　　] 場所になっています。

・地いきには，火事や災害にそなえるための④ [　　　　　　　]

という組織があります。□ ④ □ の人たちは，⑤ [　　　　　　　]

の人たちと協力して消火や救助の活動をしますが，ふだんは
それぞれべつの仕事をしています。

・火事によるひがいを少なくする
ために，住たくに，火事を知ら
せるための

⑥ [　　　　　　　] や，

住たく用火災けいほうき

火を消すための⑦ [　　　　　　　] などのせつ

びをそなえることも大切です。

消火器

60

くらしを守る
火事をふせぐために

練習

▶▶▶ 答えはべっさつ14ページ

★点数★

点

1 2 1問20点

1 次の絵は，消防しせつです。絵のせつ明として正しい文を，あとからえらんで，⑦～⑦の記号で答えましょう。

①
ひなん場所の案内板

②
消火せん

③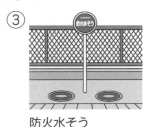
防火水そう

①（　　　）②（　　　）③（　　　）

⑦消火のために，水道の水が取り出せるようになっている。

⑦消火のために，地下や池などに水をためている。

⑦大きな災害のとき，一時的にひなんできる場所を知らせる。

2 右の絵を見て，次の問題に答えましょう。

(1) 火事などの災害にそなえて地いきの人たちが活動する組織を何といいますか。

（　　　　　　　）

(2) (1)について<u>まちがっている文</u>を，次から1つえらんで，⑦～⑦の記号で答えましょう。　　　（　　　）

⑦火事のとき，消防しょの人と協力して消火活動をする。

⑦ふだんは，それぞれべつの仕事をしている。

⑦火事にそなえて，消防しょで24時間交代ではたらいている。

くらしを守る
事故をふせぐ

▶▶▶ 答えはべっさつ14ページ  点数

①～⑤：1問16点　⑥：20点

点

!おぼえよう!

5つの絵について，次の[　　　]にあてはまることばを，あとの
[　　　]からえらびましょう。

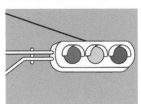

・交さ点には，歩行者や車の流れをよくする

ために ① [　　　　　　]がおかれています。

・② [　　　　　　]は，車の多い広い道路を，

歩行者が ③ [　　　]にわたれるようにして

います。

・④ [　　　　　　]は，道路を歩道と

車道に分けており，歩行者の ③ [　　　]を守っ

ています。

止まれ

・左のような ⑤ [　　　　　　]で，注意

をよびかけています。

・見通しの悪い道路には，

⑥ [　　　　　　]がおかれています。

| カーブミラー　　道路ひょうしき |
| 安全　　信号き　　ガードレール |
| 歩道橋 |

62 くらしを守る
事故をふせぐ

練習

▶▶▶ 答えはべっさつ14ページ

1 2 1問20点

点数　　　　　点

1 次の絵は，交通事故をふせぐためのせつびです。せつびの名前をあとの〔　〕からえらんで，㋐〜㋒の記号で答えましょう。

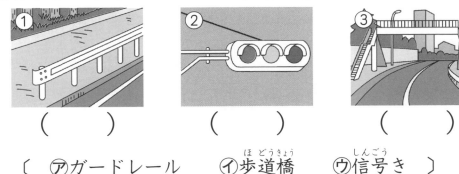

①（　　　）　　②（　　　）　　③（　　　）

〔　㋐ガードレール　　㋑歩道橋（ほどうきょう）　　㋒信号（しんごう）き　〕

◇ チャレンジ ◇

2 次のグラフを見て，①・②の正しいものに○，まちがっているものに×をつけましょう。

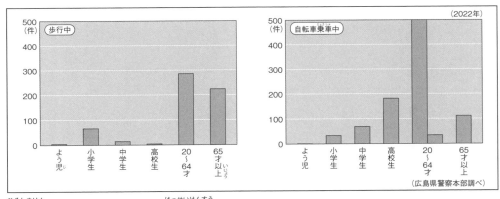

広島県（ひろしまけん）の年れいべつ交通事故発生件数（はっせいけんすう）

①（　　　）小学生は，歩いているときよりも，自転車（じてんしゃ）に乗（の）っているときに交通事故にあう人が多い。

②（　　　）歩いているときに交通事故にあうのがもっとも多いのは，20〜64才である。

63 くらしを守る
110番の流れ

りかい

▶▶▶ 答えはべっさつ14ページ ★点数★ ｜　　　　点

①〜⑥：1問12点　⑦・⑧：1問14点

！おぼえよう！

次の図は，交通事故が発生したときのれんらくのしくみです。あとの◯◯◯にあてはまることばや数字を書きましょう。

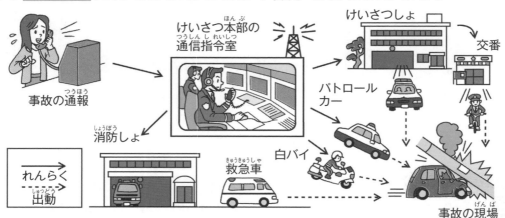

・交通事故を見たら，すぐ ① ◯◯◯ 番 にれんらくします。すぐにけいさつ本部の ② ◯◯◯ 室 につながり，ここから ③ ◯◯◯ や近くのけいさつしょなどにれんらくされ，けいさつの人が事故の ④ ◯◯◯ に向かいます。

・けが人がいるときは ⑤ ◯◯◯ しょ にれんらくされ，⑥ ◯◯◯ 車 が，④ ◯◯◯ に急行します。

・④ ◯◯◯ では，けいさつの人は ⑦ ◯◯◯ 整理をし，事故の ⑧ ◯◯◯ を調べ，ふたたび事故が起きないようにします。

64

くらしを守る
110番の流れ

練習

▶▶▶ 答えはべっさつ14ページ

1 ぜんぶできて40点　**2** (1)1つ20点　(2)20点

1 交通事故が起きたときの流れについて，あとの問題に答えましょう。

㋐
けが人を運ぶ

㋑
110番通報する

㋒
出動する

㋓
原因を調べる

・交通事故が起きたとき，どのような流れで事故のしょりをしますか。正しいじゅんを記号で答えましょう。

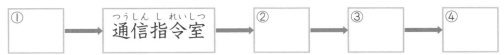

| ① | → | 通信指令室 | → | ② | → | ③ | → | ④ |

2 次のグラフを見て，あとの問題に答えましょう。

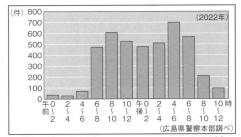
広島県の時間帯べつ交通事故発生件数

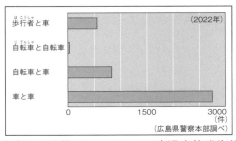
広島県の事故のしゅるいべつ交通事故発生件数

(1) 交通事故が多く発生する時間帯を2つ書きましょう。

（午前　　　～　　　時）　（午後　　　～　　　時）

(2) 事故のしゅるいで，件数が一番多いものを書きましょう。

（　　　　　　と　　　　　　　）

67

65 くらしを守る 安全なまちづくり

りかい

▶▶▶ 答えはべっさつ15ページ

①〜⑤:1問20点

点数　　　点

おぼえよう

次の［　　　］にあてはまることばを書きましょう。

・けいさつの人は，まちの安全を守るために［①　　　］や，ちゅう車い反，交通の［②　　　］をしています。

・けいさつの人は，落とし物の相談を受けたり，［③　　　］をしたりもしています。

パトロール

交通の取りしまり

ちゅう車い反の取りしまり

道案内

・まちの安全を守るために，［④　　　］と地いきの人たちが協力し合っています。

・子どもたちがきけんな目にあったとき，［⑤　　　110番］の表じがある店や家に助けをもとめることができます。

・あぶない場所や［⑤　］の位置などを書き入れた右のような地図を安全マップといいます。

大切なこどもを守ります。
こども110番の店

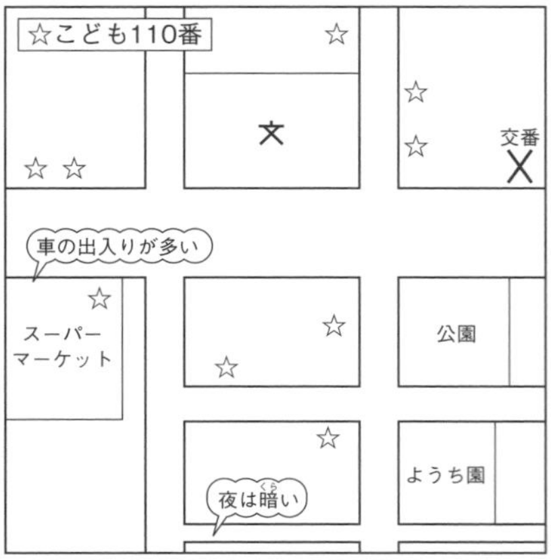
☆こども110番
交番
車の出入りが多い
スーパーマーケット
公園
ようち園
夜は暗い

くらしを守る
安全なまちづくり

▶▶▶ 答えはべっさつ15ページ

1 1つ20点　2 1問20点

点数 ★
　　　　　　　　　点

1 けいさつの仕事を，次から２つえらんで，㋐〜㋔の記号で答えましょう。

（　　　）（　　　）

㋐地いきをパトロールする。
㋑消防しょで24時間交代で火事にそなえる。
㋒火事にそなえて訓練をする。
㋓交通ルールを守らない人の取りしまりをする。

2 次の絵は，安全なまちづくりのために地いきの人たちが行っていることです。あてはまる内ようをあとからえらんで，㋐〜㋒の記号で答えましょう。

① 　② 　③

（　　　）　　　　　（　　　）　　　　　（　　　）

㋐子どもがきけんな目にあったとき，助けをもとめてかけこめるようにしている。
㋑登下校のときに，安全を見守っている。
㋒子どもがきけんな目にあわないように，自転車でパトロールをしている。

67 くらしを守るのまとめ(1)

▶▶▶ 答えはべっさつ15ページ 　点数

1 (1)(2) 1問20点 (3) 1つ20点

　　点

1 次の絵は，火事の通報を受けてから消防自動車がかけつけるまでの様子を表したものです。あとの問題に答えましょう。

(1) 火事の通報を受けてから，消火活動が始まるまで，どのくらいの時間がかかっていますか。

（ 　　　　　　　　　分）

(2) 消防しょの人たちは，消防本部のどこからの指令を受けて出動しますか。

（ 　　　　　　　　 ）

(3) 右の図は，消火活動が協力して進められている様子です。通報を受けた(2)の人は，消防しょのほか，どこへれんらくを入れたと考えられますか。3つ答えましょう。

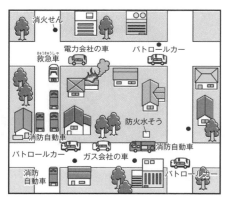

（ 　　　　　　 ）（ 　　　　　　　　 ）

（ 　　　　　　　　 ）

68 くらしを守るのまとめ(2)

▶▶▶ 答えはべっさつ15ページ

点数 　　　点

1 1問10点 　**2** 1つ25点

1 次の文で，けいさつの仕事にあたるものには○を，そうでないものには×をつけましょう。

① （　　） 小学校で交通安全教室を開く。

② （　　） 落とし物の相談を受ける。

③ （　　） 火事が起こったときに，消火活動をする。

④ （　　） 交通事故が起きたとき，その原因を調べる。

⑤ （　　） けが人を救急車で病院へ運ぶ。

◆チャレンジ◆

2 あきらさんたちは，学校のまわりなどの安全マップをつくりました。右の図からわかることとして，正しいものを次の㋐〜㋓から2つえらんで，記号で答えましょう。

（　　）（　　）

㋐ どの店も，こども110番になっている。

㋑ ひょうしきは，学校のまわりにたくさんある。

㋒ もっとも広い道の交さ点には，信号きと横だん歩道がある。

㋓ こども110番はまちのあちこちにある。

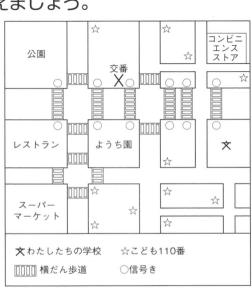

文 わたしたちの学校　☆ こども110番
▥▥▥ 横だん歩道　○ 信号き

69 くらしと市のうつりかわり
市のうつりかわり

▶▶▶ 答えはべっさつ15ページ

点数 ★

①〜⑤：1問20点

点

★ 考えよう ★

次の地図とグラフを見て，あとの◯◯◯にあてはまることばや数字を書きましょう。

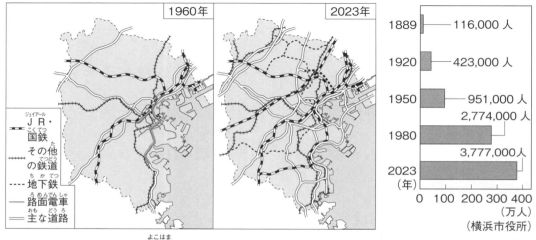

昔と今の横浜市の主な鉄道と道路

横浜市の人口のうつりかわり

・2023年にくらべて1960年は，鉄道も ① ◯◯◯ も少ない。

・1960年には，市内を ② ◯◯◯ が走っている。

・2023年にはJRやその他の鉄道だけでなく，③ ◯◯◯ も通っている。

・1950年から1980年の間で，人口は，およそ ④ ◯◯◯ 倍にふえている。

・2023年の人口は，およそ ⑤ ◯◯◯ 万人である。

くらしと市のうつりかわり
市のうつりかわり

▶▶▶ 答えはべっさつ15ページ

1 (1) 1つ20点　(2) 1つ10点

1 ある市のうつりかわりについて，次の問題に答えましょう。

(1) 次の**地図1**と**地図2**からわかることについて，正しいものには◯を，まちがっているものには×をつけましょう。

地図1　70から60年ほど前

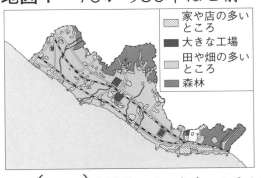

地図2　今

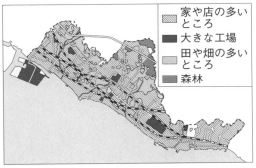

（　　）**地図1**とくらべると，**地図2**では大きな工場がへっている。

（　　）**地図1**とくらべると，**地図2**では家や店の多いところがふえている。

（　　）**地図1**とくらべると，**地図2**では田や畑の多いところがふえている。

（　　）**地図1**とくらべると，**地図2**では森林がへっている。

(2) 次の文の(　　)の中から正しいものを1つずつえらんで，◯でかこみましょう。

　　学校や市役所などのみんなが使うしせつを
（　**公共しせつ**　**交通きかん**　）といい，これらをたてるのには，（　**料金**　**税金**　）が使われています。

71 くらしと市のうつりかわり
いろいろな昔の道具

▶▶▶ 答えはべっさつ16ページ

点数

①〜⑥：1問15点　⑦：10点

点

★ 考えよう ★

次の⑦〜⑤の絵は，昔使われていた道具です。絵を見て，あとの

□□□にあてはまることばを書きましょう。

⑦ 　　⑦ 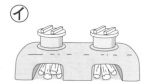　　⑦ 　　⑤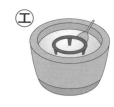

・⑦は，たらいと ① ［　　　　　　　　　　板］で，今のせんたくきと同

じ役わりをします。

・せんたくきを使うのにくらべて，たらいと ① を使うと，

せんたくするのにかかる時間は ② ［　　　　　　　　］なります。

・⑦は，③ ［　　　　　　　　　］で，今の ④ ［　　　　　　　　　　］と同じ役

わりをします。

・⑦は，⑤ ［　　　　　　　　　　］で，今のけい光とうと同じ役わりを

します。

・けい光とうは，⑤ とくらべて広い部屋でも，より

⑥ ［　　　　　　　　］てらせるようになりました。

・⑤は，火ばちで，今の ⑦ ［　　　　　　　　　　］と同じ役わりをしま

す。

72 くらしと市のうつりかわり
いろいろな昔の道具

▶▶▶ 答えはべっさつ16ページ

点数 ★ ◯ 点

1 1つ10点　　2 (1)1問20点　(2)20点

1 次の上の絵は昔使われていた道具で，下の絵は今の道具です。同じ役わりをする道具どうしを，線でむすびましょう。

 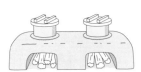 

· · · ·

· · · ·

◇チャレンジ◇

2 たらいとせんたく板について，次の文の＿＿＿が正しければ○をつけましょう。まちがっていれば，正しいことばを書きましょう。

(1) この2つの道具は，たらいに水を入れ，①せんたく物に直せつせっけんをつけて，せんたく板のみぞの部分に②たたきつけるようにして使います。

①（　　　　　　　　　）②（　　　　　　　　　）

(2) たらいとせんたく板を使ってせんたくすると，今のせんたくきを使うのにくらべて，かかる時間は短いです。

（　　　　　　　　　）

73

くらしと市のうつりかわり
くらしのうつりかわり

りかい

▶▶▶ 答えはべっさつ16ページ

点数

①・②：1問20点　③〜⑥：1問15点

点

★ 考えよう ★

次の絵は，道具のうつりかわりをしめしたものです。絵を見て，あとの□□□□にあてはまることばを書きましょう。

| あんどん | 石油ランプ | 電とう | けい光とう |

・① [　　　　　] は，木のわくに紙をはり，火を使って明るくしました。天じょうからつるすのではなく，② [　　　　　] の上において使ったので，部屋全体は明るくなりませんでした。

・③ [　　　　　] も火を使いますが，天じょうからつるしたので，① よりは部屋全体が明るくなりました。

・④ [　　　　　] は ⑤ [　　　　　] を使って明るくする道具なので，③ を使うよりも安全になりました。

・⑥ [　　　　　] は，④ にくらべて，さらに明るくなりました。

・道具のうつりかわりを見ると，だんだん生活がべんりになってきたことがわかります。

74 くらしと市のうつりかわり
くらしのうつりかわり

▶▶▶ 答えはべっさつ16ページ

1 (1) ぜんぶできて30点　(2)1つ20点　(3)1つ15点

1 右の絵を見て，次の問題に答えましょう。

(1) ㋐～㋓は，部屋を明る
くする道具です。使わ
れた時代の古いじゅん
に，ならべましょう。

（　　）→（　　）→

（　　）→（　　）

㋐

㋑

㋒

㋓

(2) ㋐～㋓のうち，火を使って明るくした道具を2つえらびま
しょう。

（　　）（　　）

(3) ㋐～㋓の道具の使い方やとくちょうとして，正しいもの2
つに〇をつけましょう。

（　　）㋐は，電気が明かりとして使われるようになったさ
いしょの道具です。

（　　）㋑は，㋐～㋓の中で，部屋全体をもっとも明るくし
ます。

（　　）㋒は，ゆかの上において使われたので，部屋全体が
明るくはなりませんでした。

（　　）㋓を使うには，石油がひつようです。

75 くらしと市のうつりかわりのまとめ

▶▶▶ 答えはべっさつ16ページ

1 20点　2 (1)ぜんぶできて20点　(2)1問20点

1 次の文の(　　　)の中から正しいものを1つえらんで，○でかこみましょう。

　　市のうつりかわりについて，土地の使われ方や人口，道路や鉄道は，昔とくらべると，大きくかわりました。また，さいきんは，(わかい人　お年より) や外国の人の数がふえてきています。

2 次の絵を見て，あとの問題に答えましょう。

⑦ 　　　④ 　　　⑦

(1) ⑦～⑦は，せんたくに使う道具です。時代の古いじゅんに，ならべましょう。

　　　　　　(　　)→(　　)→(　　)

(2) ⑦～⑦のうち，次のせつ明に合う道具を，それぞれえらびましょう。
　①1まいずつこすってあらっています。
　②ボタンをおせば，せんたくからだっ水まで自動でしてくれます。
　③ローラーでせんたく物の水気をとります。
　　　　　　①(　　) ②(　　) ③(　　)

76

くらしと市のうつりかわりのまとめ

まちがいをさがせ！

▶▶▶ 答えはべっさつ16ページ

☆ ☆ ☆ ☆ ☆ ☆ ☆ ☆ ☆ ☆ ☆ ☆ ☆

次の絵は，昔のくらしの様子をえがいたものです。
中には，まちがいがあるようです。
いくつあるかさがしてみましょう。

ふだん
わたしたちが
使っているもの
がかくれて
いるよ！

よーく
見てみよう！

答え　　　つ

答えとおうちのかた手引き

 1 学校のまわりと市の様子
四方位 りかい

▶▶▶ 本さつ4ページ

おぼえよう ①方位じしん ②南 ③四方位 ④東
⑤西 ⑥北

★ **考えよう** ★ ⑦西 ⑧東

 2 学校のまわりと市の様子
四方位 練習

▶▶▶ 本さつ5ページ

1 （○）方位を調べるための，右の絵の道具を方位じしんといいます。
（×）方位を調べるための，右の絵の道具を絵地図といいます。
（×）地図はふつう，南を上にして表します。
（○）地図はふつう，北を上にして表します。

2 （1）（　）寺　　（○）消防しょ
（○）駅　　（　）病院
（　）公園　　（○）交番
（2）（　）鉄道の線路は，南北に走っている。
（○）鉄道の線路は，東西に走っている。

ポイント

2 （1）この地図の上は北をしめしているので，学校よりも下にあるものを見つけます。
（2）駅から左右に線路がのびているので，東西に走っていることがわかります。

 3 学校のまわりと市の様子
まちたんけん りかい

▶▶▶ 本さつ6ページ

おぼえよう ①りょう ②使われ方 ③ルール
④ならない

★ **考えよう** ★ ⑤駅 ⑥ゆうびん局

 4 学校のまわりと市の様子
まちたんけん 練習

▶▶▶ 本さつ7ページ

1 （1）（○）走っている車のりょう
（○）土地の使われ方
（　）ちゅう車場にある車の色
（　）川の流れの速さ
（2）①と①に○
2 （1）神社　（2）病院

ポイント

1 （1）ちゅう車場にある車の色や川の流れの速さからは，まちの様子を考えることができないので，「まちたんけん」で調べることとしては正しくありません。
2 （1）じっさいに，地図の中の道を歩くつもりで考えましょう。

 5 学校のまわりと市の様子
地図記号① りかい

▶▶▶ 本さつ8ページ

おぼえよう ①地図（記号） ②方位〔方角〕
③北 ④きょり

★ **考えよう** ★ ⑤学校〔小・中学校〕 ⑥文
⑦神社

ポイント

★ **考えよう** ★ このように，しせつや土地りようを表す地図記号には，もととなる文字や物の形があります。それらをむすびつけて考えるとおぼえやすくなります。

6 学校のまわりと市の様子
地図記号①

▶▶▶ 本さつ9ページ

1 （1）地図記号

（2）

学校を表しています。
方位を表しています。
きょりを表しています。
神社を表しています。

2 （1）西

（2）（○）㋐のきょりはじっさいのきょりよりちぢんでいる。

　（　）㋐のきょりはじっさいのきょりよりのびている。

ポイント

2 （1）この地図の方位を表す記号のやじるしの先は右をさしています。つまり，この地図では，右が北をしめしています。いつも地図の上が北をしめしているとはかぎらないので，注意がひつようです。

7 学校のまわりと市の様子
地図記号②

▶▶▶ 本さつ10ページ

おぼえよう　①田　②畑　③消防しょ　④病院　⑤工場　⑥ゆうびん局　⑦寺　⑧市役所　⑨交番

ポイント

おぼえよう ここであげた地図記号はよく使われるものばかりなので，しっかりおぼえておきましょう。

8 学校のまわりと市の様子
地図記号②

▶▶▶ 本さつ11ページ

1 ①Ｙ　②⊖　③☼　④卍　⑤◎　⑥⛉

2 東がわ…畑　西がわ…田

ポイント

2 この地図の上は北をしめしているので，右がわ〔東〕に多い地図記号と左がわ〔西〕に多い地図記号を読み取ります。

9 学校のまわりと市の様子
八方位と調べ方

おぼえよう　①写真　②高さ　③バス　④市役所
★考えよう★　⑤西　⑥北西　⑦東　⑧南東

ポイント

おぼえよう 市の様子を調べるときは，まず，地図や写真を見ながら全体の様子をつかみます。そして，交通の様子や土地りようの様子など，気になったことを細かく調べていきます。

10 学校のまわりと市の様子
八方位と調べ方

▶▶▶ 本さつ13ページ

1 （○）市役所や図書館で，市の様子がわかる地図や写真をさがす。

（×）市にはどんな場所があるのか，自分で想ぞうして地図をつくる。

（×）できるだけ土地のひくいところから市の様子をながめてみる。

（○）できるだけ土地の高いところから市の様子をながめてみる。

2 （1）北東

（2）（○）鉄道の駅は，市の南西にある。

　（　）緑の多いところは，市の南東にある。

　（　）工場の多いところは，市の北西にある。

ポイント

1 市の様子を調べるときは，自分の想ぞうだけで終わらせてはいけません。市役所や図書館で，市の様子を調べることができます。また，土地の高いところから市全体をながめると，市の土地の様子がよくわかります。

2 （2）鉄道の駅は市の南西にあります。緑の多いところは市の北西，工場の多いところは市の南東にあります。

11 学校のまわりと市の様子
市の土地の高さと使われ方

▶▶▶ 本さつ14ページ

おぼえよう ①高い ②公園

★ 考えよう ★ ③やや高い ④北 ⑤南東（なんとう）

12 学校のまわりと市の様子
市の土地の高さと使われ方

▶▶▶ 本さつ15ページ

1 （1）学校〔小・中学校〕 （2）北東（ほくとう）

（3）かじゅ園

（4）（○）道路（どうろ）にそって，たて物（もの）がある。

　　　（　）川にそって，たて物がある。

（5）（○）畑（はたけ） 　（　）運河（うんが）

　　　（　）工場 　（　）港（みなと）

ポイント

> 1 （3）⑦の地図記号（きごう）がしめしているのはかじゅ園で，なしやりんごなどのくだものをつくっています。
> （5）地図の南には畑が広がっていることを読み取（と）ります。

13 学校のまわりと市の様子
市の交通の様子

▶▶▶ 本さつ16ページ

おぼえよう ①高速道路（こうそくどうろ） ②港（みなと） ③平（たい）らな

★ 考えよう ★ ④南 ⑤海

14 学校のまわりと市の様子
市の交通の様子

▶▶▶ 本さつ17ページ

1 （1）消防（しょうぼう）しょ

（2）
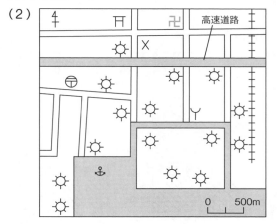

（3）西

（4）（○）南北（なんぼく）に鉄道（てつどう）が走っている。

　　　（　）南北に高速道路（こうそくどうろ）が走っている。

2 （○）海に面（めん）した平（たい）らな土地

　（　）山あいの急（きゅう）なしゃ面

ポイント

> 1 （1）⑦のたて物（もの）がある場所（ばしょ）を地図で見ると，⑾の地図記号があることがわかります。
> 2 原料（げんりょう）やせい品を船で運（はこ）ぶことがあるため，工場は港（みなと）の近くにあるとべんりです。また，工場には広い土地がひつようなので，平（たい）らな土地のほうが急なしゃ面よりもべんりです。

15 学校のまわりと市の様子
市の公共しせつ

▶▶▶ 本さつ18ページ

★ 考えよう ★ ①店 ②高い ③公共（こうきょう）（しせつ）

④高いたて物（もの） ⑤南 ⑥家 ⑦北東（ほくとう） ⑧南西（なんせい）

ポイント

> ★ 考えよう ★ 駅（えき）の南がわには▨▨でしめされた場所（ばしょ）が多いので，家や店が多いことがわかります。

16 学校のまわりと市の様子
市の公共しせつ
 練習

▶▶▶ 本さつ19ページ

1 (1)（○）家や店がたくさんある。

（　）田や畑が広がっている。

(2) 市役所

(3)
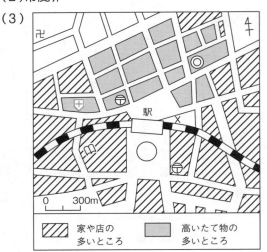

| 家や店の多いところ | 高いたて物の多いところ |

0　300m

(4) 東

2 （　）家　　（　）会社

（○）交番　（○）図書館

（　）店　　（○）市役所

（　）畑　　（○）消防しょ

 ポイント

1(2) ㋐のたて物がある場所を地図で見ると，◎の地図記号があることがわかります。
2 公共しせつとは，住民のために市町村や都道府県がつくったしせつのことです。家，会社，店，畑は，それらにあてはまりません。

 17 学校のまわりと市の様子
市に古くからのこるたて物
りかい

▶▶▶ 本さつ20ページ

★ 考えよう ★ ①案内板　②インターネット

③くわしい

おぼえよう ④いわれ　⑤寺

---

 18 学校のまわりと市の様子
市に古くからのこるたて物
練習

▶▶▶ 本さつ21ページ

1 （×）そのたて物のまわりを歩き回って，落ちているごみを拾います。

（○）インターネットで，そのたて物について調べます。

（○）そのたて物のかん板や案内板を読みます。

（×）そのたて物にかんこうに来ていた人に話を聞きます。

2 (1)（　）3年前にたてられたマンション

（○）100年前にたてられた市役所のたて物

(2) いわれ

 ポイント

1 かんこうに来ていた人は，そのたて物についてよく知っているとはかぎらないので，話を聞くのによい人とはいえません。

19 学校のまわりと市の様子
まとめ方
りかい

▶▶▶ 本さつ22ページ

おぼえよう ①地図　②写真

★ 考えよう ★ ③ひくいところ　④高いところ

⑤やや高いところ

学校のまわりと市の様子 まとめ方 **練習**

▶▶▶ 本さつ23ページ

1 たて物の様子 ———— 高速道路が走っています。

交通の様子 ———— 川が流れています。

人の様子 ———— 高いビルがたくさんあります。

土地の様子 ———— かんこう客がたくさんいます。

2 （②）買い物をする人でにぎやかなところです。

（③）米づくりがさかんなところです。

（①）山の自然を，公園などとしてりようしているところです。

（④）港があって，土地が平らなところです。

ポイント

2 ②駅のまわりにはふつう，店や公共しせつがあり，人がたくさんいてにぎやかです。
③米づくりは，田で行われます。
④工場の近くに港があると，原料やせい品を運ぶのにべんりです。

 学校のまわりと市の様子のまとめ(1)

▶▶▶ 本さつ24ページ

1 ①北西　②北東　③南西　④南東

2 （○）緑の多いところは，土地の高いところにあります。

（×）田や畑の多いところには，たくさんの人が住んでいます。

（○）工場の多いところは，海に面しています。

（○）駅のまわりは，土地のひくいところにあります。

（×）駅のまわりには，大きい港があります。

ポイント

1 八方位を表すときは，「東」「西」よりも「北」「南」を先に書き，「南東」「北西」のように表します。

 学校のまわりと市の様子のまとめ(2)

▶▶▶ 本さつ25ページ

1 （1）方位じしん　（2）地図記号

2 （1）（イ）きょり

（　）土地の使われ方

（ア）方位

（2）（×）神社は学校の南がわにある。

（○）ゆうびん局は2つある。

ポイント

2 （2）この地図では，右下が北をしめしています。神社は学校の下にありますが，この地図では左上が南になるので，神社は学校の南がわにあるとはいえません。

5

23 農家の仕事
やさいづくりの一年
▶▶▶ 本さつ26ページ

★考えよう★ ①たねまき　②なえ　③植えかえ
④畑　⑤しゅうかく

おぼえよう ⑥ビニール（ハウス）

ポイント

おぼえよう ビニールハウスを使うと，あたたかいところで育てられるので，つくる時期をずらすことができます。そのため，高いねだんでやさいを売ることができます。

24 農家の仕事
やさいづくりの一年
▶▶▶ 本さつ27ページ

1 （4）畑の世話をします。
（2）なえの世話をします。
（1）たねをまきます。
（5）しゅうかくをします。
（3）なえを畑に植えかえます。

2 （1）（○）秋ねぎ　（　）冬ねぎ
（2）（　）秋ねぎ　（○）冬ねぎ

ポイント

1 たねまき→なえの世話→なえを畑に植えかえ→畑の世話→しゅうかくのじゅんで作業します。

25 農家の仕事
やさいづくりのくふう
▶▶▶ 本さつ28ページ

★考えよう★ ①ひりょう　②時期　③シート
④へらす〔少なくする〕　⑤手作業〔手〕

ポイント

★考えよう★ きかいを使うと人手や時間をせつやくできてべんりですが，やさいをきずつけてしまうおそれがあるため，しゅうかくは手作業で行われることも多いです。

26 農家の仕事
やさいづくりのくふう
▶▶▶ 本さつ29ページ

1

たねをまく時期や　手作業で　シートやネットを　ひりょうを
しゅるいをかえる　しゅうかくする　かぶせる　土にまぜる

2 （1）（○）虫や鳥に食べられないようにするため。
（　）農薬をまくりょうをふやすため。
（　）やさいの様子を人に見られないようにかくすため。

（2）（○）やさいをきずつけたくないから。
（　）きかいを買うお金がないから。
（　）こうりつよく作業を進めたいから。

ポイント

2 （1）やさいにシートやネットをかけると，虫や鳥に食べられることをふせぐことができ，まく農薬のりょうも少なくてすみます。

27 農家の仕事
やさいのしゅうかく
▶▶▶ 本さつ30ページ

おぼえよう ①農家　②中央卸売市場〔青果市場〕
③直売所　④スーパーマーケット

★考えよう★ ⑤ほかの市や県にも出荷されます

ポイント

おぼえよう 農協の直売所では，農家から運びこまれた新せんなやさいを，近くに住む人に売っています。中央卸売市場〔青果市場〕に送られたやさいは，スーパーマーケットなどの店に売られています。また，中央卸売市場〔青果市場〕からほかの市や県に運ばれるものもあります。

28 農家の仕事
やさいのしゅうかく

▶▶▶ 本さつ31ページ

1 （1）⑦…直売所（ちょくばいじょ）

　　　⑦…中央卸売市場（ちゅうおうおろしうり）〔青果市場（せいか）〕

（2）（×）わたしたちの家には，農家から直せつ（のうか）とどけられます。

　　（○）わたしたちの家には，スーパーマーケットなどの店を通じてとどけられます。

　　（×）わたしたちの家には，農家からほかの市や県（けん）へ送られてから店を通じてとどけられます。

2 （順に）中央卸売市場，ほかの市や県へも

> **ポイント**
>
> 1 わたしたちの家にはふつう，農家から直せつやさいがとどけられるのではなく，直売所やスーパーマーケットなどの店を通じてとどけられます。

 29 農家の仕事
地いきとつながるやさいづくり

▶▶▶ 本さつ32ページ

おぼえよう ①地産地消（ちさんちしょう）　②給食（きゅうしょく）

★考えよう★ ③晴れ　④川　⑤れんこん

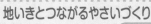 **30** 農家の仕事
地いきとつながるやさいづくり

▶▶▶ 本さつ33ページ

1 （1）（　）さむい土地

　　（○）あたたかい土地

　　（　）雨の日が多い土地

　　（○）晴れの日が多い土地

（2）（　）レタス　（○）れんこん　（　）ねぎ

2 （○）地いきで生産（せいさん）されたものをその地いきの人たちが消費（しょうひ）する取り組み（と）です。

　　（×）地いきで生産されたものをほかの地いきの人たちが消費する取り組みです。

　　（○）学校の給食（きゅうしょく）に，地いきでしゅうかくされたやさいが使われる（つか）こともあります。

> **ポイント**
>
> 1 （1）雨の日が多い土地は，水はほうふですが，日当たりがよいとはいえません。

31 農家の仕事のまとめ

▶▶▶ 本さつ34ページ

1 （1）⑦…なえ　⑦…しゅうかく

（2）ひりょうを　　　　　虫や鳥に食べられな
　　土にまぜる　　　　　いようにします。

　　手作業（てさぎょう）でしゅ　　やわらかくえいようの
　　うかくする　　　　　ある土をつくります。

　　シートなどを　　　　やさいをきずつけな
　　かぶせる　　　　　　いようにします。

2 ⑦→⑦→⑦

> **ポイント**
>
> 1 （2）やさいづくりでは，虫や鳥に食べられないようにするためにシートやネットをかぶせます。また，やさいの味（あじ）やしつをよくするために，ひりょうをまぜて，やわらかくえいようの多い土をつくります。

32 工場の仕事
品物ができるまで

▶▶▶本さつ35ページ

★ 考えよう ★ ①魚をさばく　②ねり合わせ

③味をつけて，さらにねり

④形をつくってやき　⑤ふくろにつめ

 33 工場の仕事
品物ができるまで 練習

▶▶▶本さつ36ページ

1 （5）ふくろにつめます。

（1）魚をさばきます。

（3）味をつけて，さらにねり合わせます。

（2）きかいでねり合わせます。

（4）形をつくってやきます。

2 （1）原料

（2）（　）かまぼこ工場では，すべてきかいでさ
　　　　さかまぼこをつくっています。

　　　（　）かまぼこ工場では，すべて人の手でさ
　　　　さかまぼこをつくっています。

　　　（　）かまぼこ工場では，魚をさばくことだ
　　　　けを人が，そのほかはきかいでささか
　　　　まぼこをつくっています。

　　　（○）かまぼこ工場では，きかいと人の手の両
　　　　方を使い分けて，ささかまぼこをつくっ
　　　　ています。

ポイント

2 （2）かまぼこ工場では，きかいでやったほ
うがこうりつのよい作業はきかいで，人の手で
細かくやったほうがよい作業は人の手で，ささ
かまぼこをつくっています。

 34 工場の仕事
はたらく人のくふう

▶▶▶本さつ37ページ

★ 考えよう ★ ①手　②ほこり　③内ぞう　④ほね

★ 考えよう ★ ⑤ア　⑥イ（⑤と⑥はぎゃくでもよい。）

⑦ウ　⑧エ（⑦と⑧はぎゃくでもよい。）

 35 工場の仕事
はたらく人のくふう 練習

▶▶▶本さつ38ページ

1 ①ア　②イ　③ア　④イ

2 （○）安全でおいしいかまぼこをつくるため
　　　　に，ひとつひとつの作業をかくにんし
　　　　ながらつくっています。

（×）少しでも多くの人に食べてもらうた
　　　　め，安全よりも早くつくることを大切
　　　　にしています。

（○）はたらく前には，体や服をせいけつに
　　　　してから仕事をしています。

（×）はたらくとよごれるので，仕事の前に
　　　　はそれほどせいけつにするひつようは
　　　　ありません。

（×）主にきかいがつくるので，ひとつひと
　　　　つの作業に注意しなくてもだいじょう
　　　　ぶです。

ポイント

1 ①③せいけつにするために服のほこりをとっ
たり，手をあらったりしています。
2 きかいが，すべての作業をせいかくに行える
とはかぎらないので，人がかくにんすることも
ひつようです。

36 工場の仕事
いろいろな仕事をする人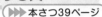

▶▶▶ 本さつ39ページ

★ 考えよう ★ ①開発する　②ためして　③じむ
④注文　⑤トラック　⑥きかい

 37 工場の仕事
いろいろな仕事をする人 （練習）

▶▶▶ 本さつ40ページ

1 ①イ　②ウ　③ア

2 （1）（○）工場がある市と同じ市
　　　　（　）工場がある市とはべつの市

（2）（　）しゅうまい工場では，すべての人が同
　　　　　じ仕事をしています。

　　　　（　）しゅうまい工場には，いろいろな仕事
　　　　　をしている人がいますが，はたらく時
　　　　　間は同じです。

　　　　（○）しゅうまい工場には，いろいろな仕事
　　　　　をしている人がいて，はたらく時間も
　　　　　ちがいます。

ポイント

1 ⑦出荷の場所から，品物を運び出します。⑦
けんきゅう室で新しいしゅうまいをつくり出し
ます。
2 （2）しゅうまい工場には，いろいろな仕事
をする人がいます。たんとうする仕事によって，
はたらく時間もさまざまです。

 38 工場の仕事
原料の仕入れと品物のゆくえ （りかい）

▶▶▶ 本さつ41ページ

★ 考えよう ★ ①栃木県　②北海道
③オホーツク海　④小麦
おぼえよう ⑤直えい（店）　⑥高速道路

 **39** 工場の仕事
原料の仕入れと品物のゆくえ （練習）

▶▶▶ 本さつ42ページ

1 （1）（　）うなぎ　　（○）すけとうだら
　　　　（○）まだい　　（　）かつお

（2）まだい

（3）（　）すてるのがもったいないので，古い原
　　　　料でも仕入れるようにしています。

　　　　（○）できるだけ新せんで安全な原料を仕入
　　　　れるようにしています。

2 （○）品物が多く運ばれるのは，工場の直え
　　　い店です。

　　　（×）品物は，近くにある決まった店にだけ
　　　運ばれます。

　　　（○）品物は，主に高速道路を通じて，工場
　　　のある市から市外の店へも運ばれます。

ポイント

1 （1）絵にかかれている魚のうち，2つをえら
びます。
（2）絵にかかれている魚のうち，もっとも近く
から運ばれる魚をえらびます。やじるしの長さ
ではんだんしましょう。

40 工場の仕事のまとめ

▶▶▶ 本さつ43ページ

1 （1）原料

（2）ウ→イ→オ→ア→エ

（3）（じゅんに）せいけつ，手，おいしい

（4）トラック

ポイント

1 （3）かまぼこ工場では，おいしくて安全な
かまぼこをつくるように心がけています。その
ため，作業に入る前には，手をよくあらい，服
のほこりを落とします。

9

41 店ではたらく人
買い物調べ りかい

▶▶▶ 本さつ44ページ

おぼえよう ①いつ ②どこで ③何を
★ 考えよう ★ ④スーパーマーケット ⑤肉屋（にくや）

ポイント

おぼえよう 買い物（もの）をするときは，「いつ」，「何を」買うかによって，行く店がちがうことがあります。そのため，買い物調べをするときには，これらのことを調べることをわすれないようにします。
★ 考えよう ★ じっさいに，•の数を数えて考えます。

 42 店ではたらく人
買い物調べ 練習

▶▶▶ 本さつ45ページ

1 （○）いつ買い物（もの）をしたか
　（　）だれが買い物をしたか
　（　）なぜ買い物をしたか
　（○）どこで買い物をしたか

2 （1）スーパーマーケット （2）けんたさん（の家）
（3）魚…魚屋（さかなや） キャベツ…八百屋（やおや）

ポイント

2 （2）「その店に買い物に行くわけ」を見ると，けんたさんの家は車で買い物に行くことがわかります。

 43 店ではたらく人
いろいろな仕事をする人 りかい

▶▶▶ 本さつ46ページ

おぼえよう ①注文（ちゅうもん） ②品（ひん）しつ ③つくる
★ 考えよう ★ ④じむしょ ⑤トラック

ポイント

おぼえよう スーパーマーケットでは，ひとりの人がすべての仕事（しごと）をすることはできないので，みんなで仕事を分たんしています。

 44 店ではたらく人
いろいろな仕事をする人 練習

▶▶▶ 本さつ47ページ

1 レジ ——————— 天ぷらなどのそうざいをつくります。

　じむしょ ————— 金がくの計算をします。

　売り場 ————— 品物（しなもの）の数を調べて注（ちゅう）文します。

　売り場のおく ——— 品物をならべて売ります。

2 （1）（　）男の人だけがはたらいています。
　　（　）女の人だけがはたらいています。
　　（　）みんなが同じ仕事（しごと）をしています。
　　（○）いろいろな仕事をする人がいます。

（2）品（ひん）しつ （3）トラック

ポイント

2 （1）スーパーマーケットでは，男の人・女の人にかんけいなく，たくさんの人がいろいろな仕事を分たんしています。

 45 店ではたらく人
品物の産地 りかい

▶▶▶ 本さつ48ページ

おぼえよう ①産地（さんち） ②ね（ふだ）
★ 考えよう ★ ③青森（あおもり） ④長野（ながの） ⑤バナナ

⑥ レモン（③と④,⑤と⑥はそれぞれぎゃくでもよい。）

ポイント

おぼえよう ひとつの市内だけですべての品物（しなもの）を仕（し）入れるのはむずかしいので，ほかの市や県（けん），外国からも仕入れるようにしています。

46 店ではたらく人
品物の産地 練習

▶▶▶ 本さつ49ページ

1 （1）熊本(県)　（2）ピーマン

（3）アスパラガス

2 （1）（×）スーパーマーケットの品物は，市内からだけ運ばれてきます。

（×）スーパーマーケットの品物は，日本国内からだけ運ばれてきます。

（○）スーパーマーケットの品物は，ほかの市や県，外国からも運ばれてきます。

（2）（○）品物の産地を調べるには，売り場で品物のねふだやシールを見ます。

（×）品物の産地を調べるには，買い物をしたあとのレシートを見ます。

ポイント

1（1）みかんが入っているだんボールに書かれている県名を読み取ります。

（2）絵の中から，「茨城県」と書いてある品物をさがします。

2（2）レシートにはねだんは書いてありますが，産地については書いてありません。

 47 店ではたらく人
スーパーマーケットのくふう りかい

▶▶▶ 本さつ50ページ

おぼえよう ①ちらし　②ちゅう車場　③通路

★**考えよう**★④ほじょ犬　⑤車いす

ポイント

★**考えよう**★スーパーマーケットでは，お年よりや体の不自由なお客さんもりようしやすいようにくふうされています。

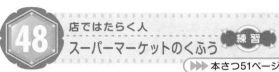 **48** 店ではたらく人
スーパーマーケットのくふう 練習

▶▶▶ 本さつ51ページ

1

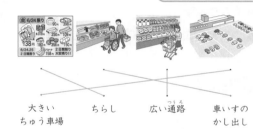

大きい　　ちらし　　広い通路　　車いすの
ちゅう車場　　　　　　　　　　かし出し

2 （1）（○）車で来る人　（　）電車で来る人

（　）歩いて来る人

（2）（じゅんに）だれも，多く

ポイント

2（2）スーパーマーケットが，だれでも買い物をしやすくするためにくふうしていることは，多くのお客さんが来て，多くの品物を買ってもらうことにもつながっています。

 49 店ではたらく人
かんきょうを守る りかい

▶▶▶ 本さつ52ページ

おぼえよう ①(食品)トレー　②リサイクル

★**考えよう**★③やさい　④りょう〔大きさ〕

⑤肉　⑥ねだん　⑦すて

 50 店ではたらく人
かんきょうを守る 練習

▶▶▶ 本さつ53ページ

1 （じゅんに）ペットボトル，家，リサイクル

2 ①イ　②ア

ポイント

1れいぞうロッカーとは，買った物をひやしたままであずけることができるロッカーです。スーパーマーケットがお客さんのために，買った物を新せんにたもてるくふうやかいてきに買い物ができるようにくふうしています。

51 店ではたらく人
いろいろな店

▶▶▶ 本さつ54ページ

★ 考えよう ★ ①インターネット

②コンビニエンスストア　③商店がい

④近所の店　⑤インターネット

ポイント

店にはそれぞれ，べんりなとくちょうがあります。たとえばコンビニエンスストアは，早朝や夜おそくでも開いているので，急な買い物をすることができます。また，電話代や電気代のしはらいができるほか，お金を引き出せるきかいがある店も多いです。

 52 店ではたらく人
いろいろな店

▶▶▶ 本さつ55ページ

1

インターネット　近所の店　コンビニエンスストア　商店がい

2 （1）①コンビニエンスストア

②インターネット

（2）（○）お金を引き出せるきかいがあります。

（×）お金をかしてくれます。

（○）コピーを取ることができます。

ポイント

2 （1）①夜おそい時間でも開いている店や買い物の仕方はどれか考えます。
②家から出なくても，家まで品物をとどけてくれる店や買い物の仕方はどれか考えます。

 53 店ではたらく人のまとめ

▶▶▶ 本さつ56ページ

1 （1）レジで計算をする人，品物の注文をする人など，何人かで分たんして仕事をします。

（2）少人数で，いろいろな仕事をします。

（1）こうこくのちらしで店をせんでんします。

（2）早朝や夜おそくにも開いています。

2 （1）リサイクル　（2）①…車いす

⑦…お客さん〔人〕

ポイント

1 コンビニエンスストアはスーパーマーケットにくらべて，小さな店が多いです。そのため，はたらいている人も少なく，ひとりの人がする仕事のしゅるいも多くなります。
2 （2）①歩行の不自由な人は，何をかしてもらえるとべんりかを考えます。

54 店ではたらく人のまとめ

▶▶▶ 本さつ57ページ

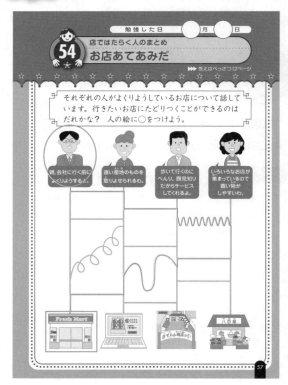

55 くらしを守る
消防しょのしくみ① （りかい）

▶▶▶ 本さつ58ページ

おぼえよう ①救急　②火事　③訓練
④消火　⑤防火（服）　⑥出動　⑦24

ポイント

火事が起きたとき以外に，急病の人やけが人が
出たときにも119番に通報します。急病の人やけが人に対しては，救急車が出動をします。
消防士は，火事のないときには訓練をしたり，
消防自動車や器具の点検をしたりして，火事に
そなえています。
消防自動車や防火服にはさまざまなくふうがな
されています。たとえば，消防自動車には，ま
わりの車や人たちに消防自動車が近づいている
ことを知らせるサイレンや救助に使うはしごが
ついています。また，防火服は，高温の火にた
えられるようになっています。

 56 くらしを守る
消防しょのしくみ① （練習）

▶▶▶ 本さつ59ページ

1 ①イ　②エ　③ウ　④ア
2 （1）ア　（2）イ

ポイント

2 グラフでは，ぼうの高さによって件数が表
されています。アのグラフでは，ぼうの高さが
高くなったりひくくなったりしていることから，
火事の件数は，ふえたりへったりしていること
がわかります。
イのグラフは火事の主な原因べつの件数をぼう
の高さで表しています。火事の原因としてもっ
とも多いのは「放火」だとわかります。

 57 くらしを守る
消防しょのしくみ② （りかい）

▶▶▶ 本さつ60ページ

おぼえよう ①119（番）
②通信指令室
③消防しょ　④救急車　⑤消防団

ポイント

119番に通報するときは，あわてずに落ち着い
てつたえることが大切です。火事なのか救急な
のか，火事の現場はどこか，現場の目印になる
もの，けが人がいるのかどうか，自分の名前な
どを，通信指令室の人につたえましょう。
通信指令室の人から，病院，けいさつしょ，ガ
ス会社，電力会社，水道局などに協力をおねが
いするれんらくがいきます。

 58 くらしを守る
消防しょのしくみ② （練習）

▶▶▶ 本さつ61ページ

1 （1）119（番）　（2）①けいさつしょ
②ガス会社　③水道局
（3）[けが人 ・ どろぼう ・ 急病人]

ポイント

1 （2）火事が起きると，ひがいが広がらない
ようにいろいろなところにれんらくをして，協
力をもとめます。①けいさつの人は，火事の現
場の交通整理をしたり，人が火事の現場に近よ
らないようにきせいをしたりします。②火事の
火がガスに引火してばくはつするときけんなの
で，ガス会社にれんらくをして，ガスをとめて
もらいます。③消火のためにたくさんの水がひ
つようになるので，水道局で調節をしてくれる
ようれんらくをします。

59 くらしを守る
火事をふせぐために

▶▶ 本さつ62ページ

おぼえよう ①消火せん ②防火水そう
③ひなん ④消防団 ⑤消防しょ
⑥火災けいほうき ⑦消火器

ポイント

学校や大きな公園などは地いきのひなん場所に
指定されています。また，大きな道路には防火
水そうがもうけられています。
学校のプールも防火水そうの役わりを持っていま
す。

 60 くらしを守る
火事をふせぐために 練習

▶▶ 本さつ63ページ

1 ①ウ ②ア ③イ
2 (1)消防団 (2)ウ

ポイント

1 「消火せん」は消火のときにひつような水を
水道かんから取り出せるようになっています。
「防火水そう」は消火用の水をためておく水そう
しせつです。
2 (2) 消防団とは，消防しょではたらいてい
る人たちではなく，火事が発生すると消防しょ
の人たちと協力して消火活動を行う地いきの人
たちの組織です。消防団の人たちは，ふだんは
べつの仕事をしていて，火事が起きたときに消
火活動にさんかします。

 61 くらしを守る
事故をふせぐ

▶▶ 本さつ64ページ

おぼえよう ①信号き ②歩道橋 ③安全
④ガードレール ⑤道路ひょうしき
⑥カーブミラー

ポイント

交さ点の信号きは交通事故をふせぐためや，歩
行者や車の流れをよくし，安全のためにおかれ
ています。きちんと交通ルールを守りましょう。
道路ひょうしきには，いろいろなものがありま
す。みなさんのまわりにある道路ひょうしきを
調べてみましょう。

 62 くらしを守る
事故をふせぐ 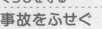 練習

▶▶ 本さつ65ページ

1 ①ア ②ウ ③イ
2 ① × ② ○

ポイント

2 歩行中に交通事故にあった件数のグラフと自
転車乗車中に交通事故にあった件数のグラフで
す。どちらのほうが交通事故にあった人の数が
多いかを読み取りましょう。

 63 くらしを守る
110番の流れ

▶▶ 本さつ66ページ

おぼえよう ①110（番） ②通信指令（室）
③パトロールカー〔白バイ〕 ④現場
⑤消防（しょ） ⑥救急（車） ⑦交通
⑧原因〔理由〕

ポイント

110番に通報するときは，あわてず，落ち着い
て事故や事件が起きた場所を通信指令室の人に
つたえましょう。
通信指令室から，近くのけいさつしょ，消防しょ，
パトロールカー，白バイなどにれんらくがいき
ます。
消防しょは，けが人がいるときには救急車を出
動させます。

 64 くらしを守る
110番の流れ 練習

▶▶ 本さつ67ページ

1 ①イ ②ウ ③ア ④エ
2 (1)(午前)8(〜)10(時)，(午後)4(〜)6(時)
(2)車（と）車

ポイント

1 交通事故が起きたときは，けがをした人を救
急車で病院に運ぶことが大切です。事故の原因
を調べるのは，そのあとです。
2 (1) 左のグラフで，ぼうの高さが高いとこ
ろが，交通事故が多く発生する時間帯です。通
きんや通学，帰たくする人が多い時間帯に事故
が多くなっています。

65 くらしを守る
安全なまちづくり

▶▶▶ 本さつ68ページ

おぼえよう ①パトロール ②取りしまり

③道案内 ④けいさつ ⑤こども（110番）

ポイント

「こども110番」のシールやはたは，家や店だけではなく，自転車や車などにもはられたり，つけられたりしており，安全なまちづくりに役立っています。「こども110番」の家は，緊急ひなんの家とよばれることもあります。

 66 くらしを守る
安全なまちづくり 練習

▶▶▶ 本さつ69ページ

1 ㋐，㋔（ぎゃくでもよい。）

2 ①㋑ ②㋒ ③㋐

ポイント

1 ㋑と㋒は消防しょの人の仕事です。
2 ①横だん歩道で，地いきの人が子どもたちの安全を見守っています。③店に「こども110番」のシールがはってあります。いざというときに，子どもたちがこの店に助けをもとめることができます。

 67 くらしを守るのまとめ(1)

▶▶▶ 本さつ70ページ

1 （1）5（分）

（2）通信指令室〔通信指令センター〕

（3）けいさつしょ，ガス会社，電力会社（じゅんじょはちがってもよい。）

ポイント

1（1）通報があったのが5時25分で，消防自動車が現場で消火活動を始めたのが5時30分なので，5分かかったことになります。
（3）図の中にある「救急車」「パトロールカー」「ガス会社の車」「電力会社の車」から考えてみましょう。

 68 くらしを守るのまとめ(2)

▶▶▶ 本さつ71ページ

1 ① ○ ② ○ ③ × ④ ○ ⑤ ×

2 ㋒，㋓

ポイント

1 けいさつは，交通を取りしまったり，まちの中をパトロールしたり，家庭ほう問をしたりするなど，地いきの安全を守るためにさまざまな仕事をしています。とくに交番にいるけいさつの人は，けいさつと地いきをむすぶ大切な役わりをはたしています。交番のけいさつの人は，道案内をしたり，落とし物の相談にのったりするなど，地いきの人たちのためにさまざまな仕事をしています。
③・⑤は消防しょの人の仕事です。
2 ㋐こども110番の店になっていない店もあります。㋑安全マップにひょうしきの場所はしめされていません。

 69 くらしと市のうつりかわり
市のうつりかわり

▶▶▶ 本さつ72ページ

★ **考えよう** ★ ①主な道路 ②路面電車

③地下鉄 ④3 ⑤377（378でもよい。）

 70 くらしと市のうつりかわり
市のうつりかわり 練習

▶▶▶ 本さつ73ページ

1（1）（×）地図1とくらべると，地図2では大きな工場がへっている。

（○）地図1とくらべると，地図2では家や店の多いところがふえている。

（×）地図1とくらべると，地図2では田や畑の多いところがふえている。

（○）地図1とくらべると，地図2では森林がへっている。

（2）（じゅんに）公共しせつ，税金

ポイント

1（2）学校や市役所，図書館などの公共しせつをつくるのには，税金が使われています。税金とは，みんなで出し合うお金のことです。

15

くらしと市のうつりかわり
いろいろな昔の道具

▶▶▶ 本さつ74ページ

★ 考えよう ★ ①せんたく（板） ②長く

③かまど　④すいはんき　⑤石油ランプ

⑥明るく　⑦ストーブ〔だんぼうきぐ〕

くらしと市のうつりかわり
いろいろな昔の道具

▶▶▶ 本さつ75ページ

1

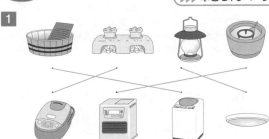

2 （1）①○　②こすりつける　（2）長い

ポイント

2 （1）せんたく板のみぞの部分にせんたく物をこすりつけるようにしてあらうと，よごれがよく落ちます。

くらしと市のうつりかわり
くらしのうつりかわり

▶▶▶ 本さつ76ページ

★ 考えよう ★ ①あんどん　②ゆか　③石油ランプ

④電とう　⑤電気　⑥けい光とう

くらしと市のうつりかわり
くらしのうつりかわり

▶▶▶ 本さつ77ページ

1 （1）ウ→ア→エ→イ

（2）ア，ウ（ぎゃくでもよい。）

（3）（　）アは，電気が明かりとして使われるようになったさいしょの道具です。

（○）イは，ア～エの中で，部屋全体をもっとも明るくします。

（○）ウは，ゆかの上において使われたので，部屋全体が明るくなりませんでした。

（　）エを使うには，石油がひつようです。

ポイント

1 （1）あんどん→石油ランプ→電とう→けい光とうのじゅんにうつりかわりました。

くらしと市のうつりかわりのまとめ

▶▶▶ 本さつ78ページ

1 お年より

2 （1）イ→ウ→ア　（2）①イ　②ア　③ウ

ポイント

2 （1）アは今のせんたくき，イはせんたく板とたらい，ウは1950年代に広まった電気せんたくきです。

くらしと市のうつりかわりのまとめ

▶▶▶ 本さつ79ページ